この本を読むみなさんへ

監修《かんしゅう》　稲田修一《いなだしゅういち》

わたしたちの身のまわりには「データ」があふれています。例えば、買い物をした店や商品とその値段《ねだん》、スマートフォンで見た情報《じょうほう》の検索履歴《けんさくりれき》、健康《けんこう》診断《しんだん》の記録や天気のデータなどです。

このデータが社会を変え、わたしたちのくらしの役に立つと注目されています。注文した商品をすぐにとどけたり、さがしている情報《じょうほう》がどこにあるか教えてくれたり、病気をふせいだり、まちやくらしを災害《さいがい》から守るなど、さまざまな場面で使われているのです。

これを可能《かのう》にしたのは、コンピュータとインターネットの発展《はってん》です。大量のデータをすばやく集めて分析《ぶんせき》し、今まで気づかなかったことや世のなかの変化をすばやく知ることができるようになりました。データを分析《ぶんせき》し、さまざまな課題を解決《かいけつ》するアイデアを考える専門家《せんもんか》を「データサイエンティスト」とよびますが、今では人気の職業《しょくぎょう》です。

データを上手に使うには、集めたデータをまとめたものをじっくり見て「何か変だな？」「どうしてこうなるの？」と感じることがとても大切です。また、課題を解決《かいけつ》する途中《とちゅう》で、さらに新しい課題が見つかることもあります。楽しみながら、でも、ねばり強く続けることが必要です。

この本は、身のまわりにどのようなデータがあるのか、データがなぜ注目されているのか、データで社会やくらしがどう変わるのか、そして、どうすればデータを使えるようになるのかを説明しています。この本を読んでデータにくわしくなり、「データっておもしろい！」と思ってもらえれば幸いです。

※このシリーズは、とくに断《ことわ》りのないかぎり、2021 年 10 月現在《げんざい》の情報《じょうほう》にもとづいています。

データで変わる! 産業とくらし 2

ビッグデータで世界はこんなに変わる

監修
早稲田大学
研究戦略センター教授
稲田修一

指導協力
早稲田大学
教育・総合科学学術院教授
小林宏己

小峰書店

もくじ

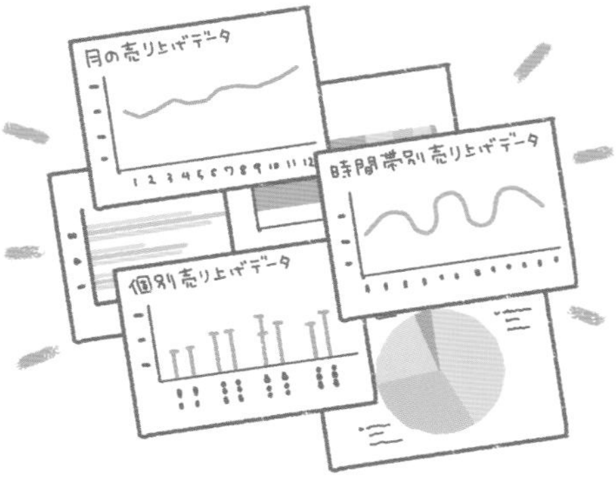

ビッグデータって何？

これまでとちがう大量のデータ………04

あるとないではこんなにちがう！………06

販売《はんばい》・観光・防災《ぼうさい》。活躍《かつやく》の場が広がる………08

ビッグデータで大成功❶ 販売《はんばい》・運輸業《うんゆぎょう》

アスクル株式会社《かぶしきがいしゃ》

必要な物がすぐに見つかり

とどくように………10

ビッグデータで大成功❷ 観光業

兵庫《ひょうご》県豊岡《とよおか》市

“豊岡《とよおか》らしさ”を武器《ぶき》に

世界中から人が集まるように………16

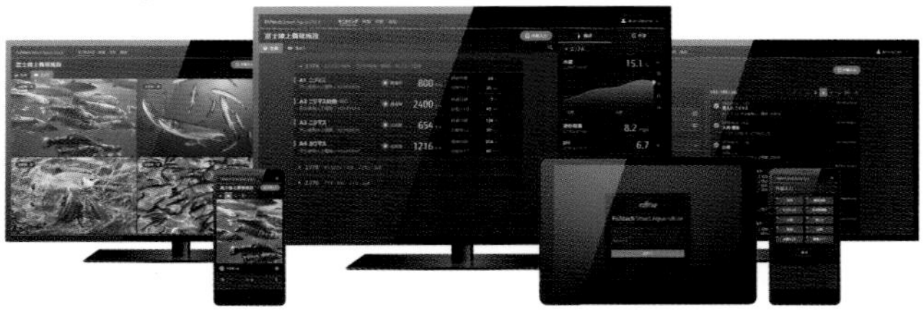

ビッグデータで大成功❸ 水産業

富士通《ふじつう》Japan《ジャパン》株式会社《かぶしきがいしゃ》

匠《たくみ》の技《わざ》をデータにして

世界に負けない水産業を………22

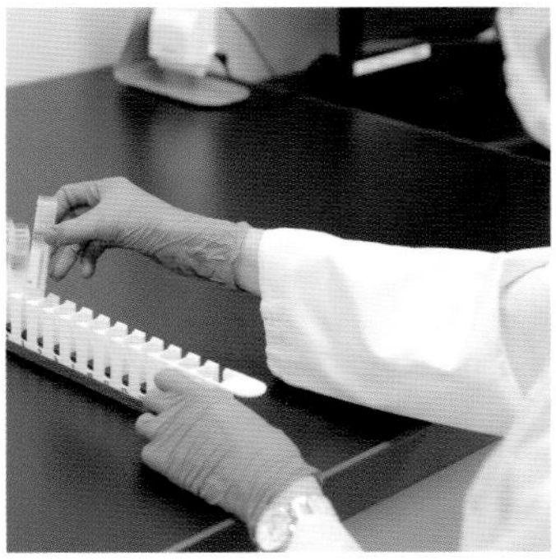

ビッグデータで大成功❹ 医療《いりょう》・健康

株式会社《かぶしきがいしゃ》DeNA《ディーエヌエー》ライフサイエンス

人の遺伝子《いでんし》から

病気や体質《たいしつ》の傾向《けいこう》がわかるように………28

ビッグデータで大成功❺ 災害時対策《さいがいじたいさく》

防災科学技術研究所《ぼうさいかがくぎじゅつけんきゅうしょ》
地震《じしん》による被害《ひがい》を予測《よそく》して、
すばやい対策《たいさく》に役立てる………34

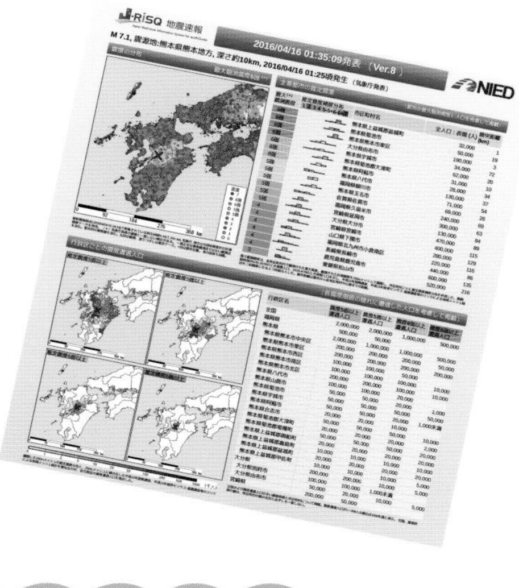

ビッグデータで未来はこうなる!?

情報《じょうほう》社会をこえて超《ちょう》スマート社会に………40
未来のまちを見てみよう………42
こんなロボットが活躍《かつやく》しているかも………44

全巻《ぜんかん》共通さくいん……46

データ博士《はかせ》
データを使った課題解決《かいけつ》の専門家《せんもんか》。データ学園小学校で、データの大切さや楽しさを教えている。

ヒデ君
データ学園小学校の5年生。社会科でデータについて学習し、もっとくわしく知りたいと思っている。

ノリちゃん
データ学園小学校の5年生。ヒデ君とはおさななじみで同じクラス。いつも一緒《いっしょ》に勉強している。

ビッグデータって何？

これまでとちがう大量のデータ

人がコツコツ集めるのとちがい、コンピュータとインターネットを使ってすばやく大量に集めたデータを「ビッグデータ」といいます。

ビッグデータを見てみよう

データの量をあらわす単位は1000倍ずつ大きくなります。一般的《いっぱんてき》には、数TB《テラバイト》以上をビッグデータといいます。

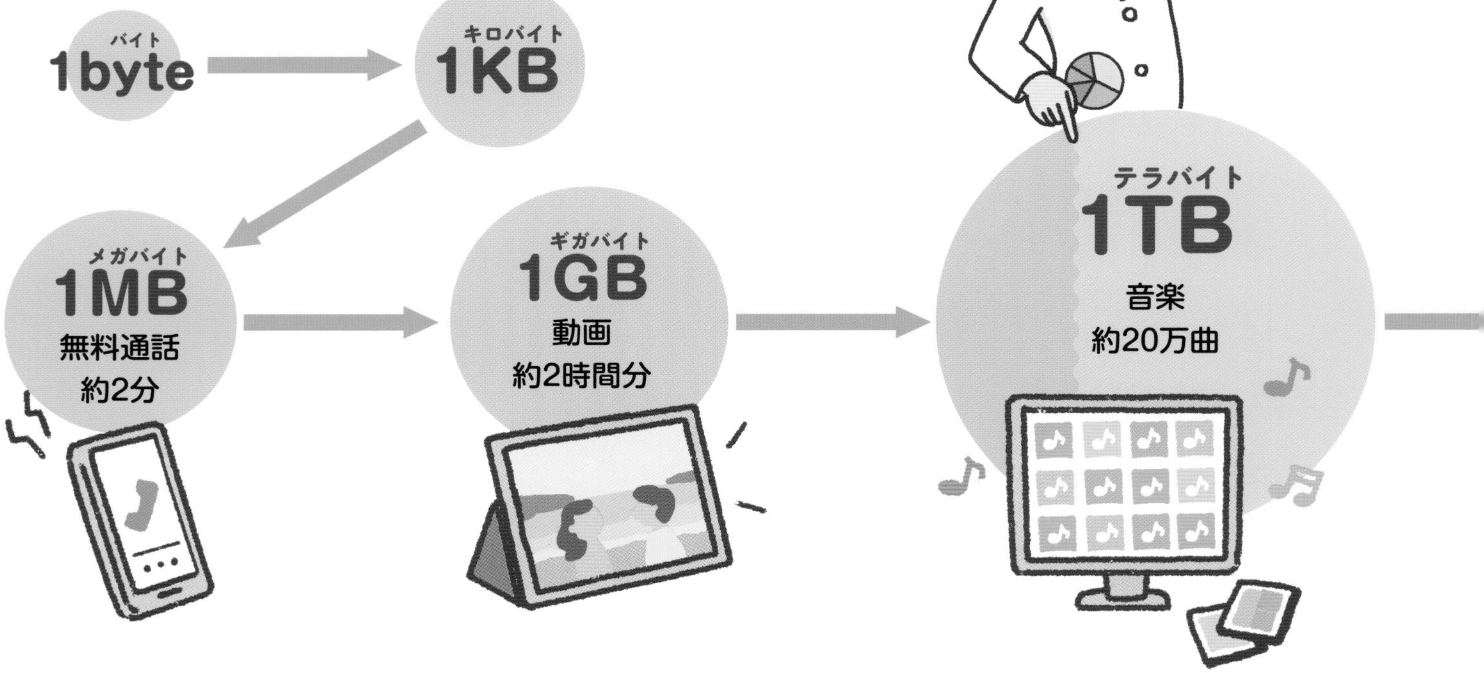

さまざまな形のデータが大量に集められる

2000年代以降《いこう》、たくさんの人がコンピュータをもち、インターネットを使うようになりました。それによって、一瞬《いっしゅん》のうちにたくさんのデータを集め、しかもつねに最新の内容《ないよう》に更新《こうしん》し続けることができるようになりました。こうして集められた大量のデータを「ビッグデータ」といいます。

ビッグデータとして集められるデータには、さまざまなものがあります。観察日記に書く「天気:晴れ」「気温:23度」などの決まった項目《こうもく》や形式のデータもあれば、そうでないデータも集められます。例えば、SNS《エスエヌエス》で発信する「なんかかわいい」「富士山《ふじさん》キレイ」といったデータです。このようなデータでも、コンピュータが読み取り、活用できる形に整えて使うことができます。

1YB《ヨタバイト》

現在《げんざい》ある単位のなかで最も大きいのが「YB《ヨタバイト》」。将来《しょうらい》、もっと大きな単位が登場するかもしれません。

1ZB《ゼタバイト》

2020年に世界中でやりとりされたデータ量は59ZB《ゼタバイト》といわれています。2025年には約3倍の175ZB《ゼタバイト》になると予想されています。

1PB《ペタバイト》

ノートパソコン
約1000台に入るデータ量

1EB《エクサバイト》

2000年に世界中で
やりとりされたデータ量は6.2EB《エクサバイト》

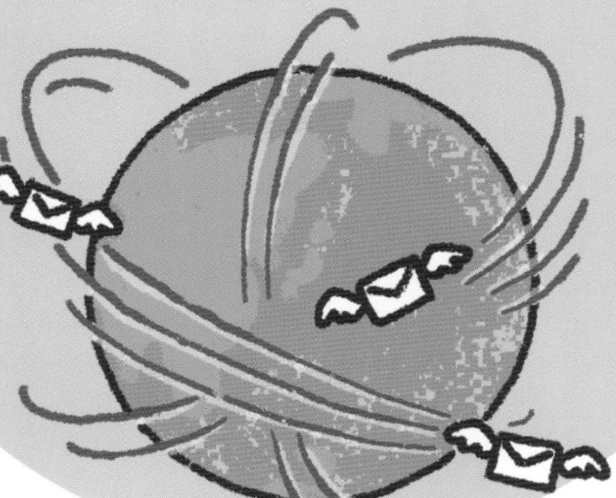

これはすごい!!

ビッグデータは今も進化している

ビッグデータという言葉は2010年から使われ始めました。最初は、「集めるデータの量や種類の豊富《ほうふ》さ、すばやさ」から「3つのV《ブイ》」をもつといわれました。

しかし、10年以上たった今では、「真実性《しんじつせい》や正確性《せいかくせい》の高さ」を加えた「4つのV《ブイ》」、さらに「価値《かち》」を加えた「5つのV《ブイ》」と、ビッグデータの定義《ていぎ》はどんどん広がっています。

ビッグデータの定義《ていぎ》

Volume《ボリューム》
量が多い

Variety《バラエティ》
いろんな種類がふくまれる

Velocity《ベロシティ》
すばやく集められる

Veracity《ベラシティ》
真実性《しんじつせい》や正確性《せいかくせい》が高い

Value《バリュー》
価値《かち》をもっている

ビッグデータって何？

あるとないではこんなにちがう！

ビッグデータにはよりたくさんの細かく、くわしいデータがふくまれています。
ビッグデータを使うと、どんなよいことがあるのでしょうか。

どちらのデータでも「気づき」はえられるが…

データは人の手で分析《ぶんせき》することが前提《ぜんてい》です。その場合、あつかえるデータ量にはかぎりがあり、そのなかから人がわかることを見つけて課題解決《かいけつ》に役立てます。

しかし、ビッグデータはそうではありません。人や物などから集めた大量のデータをコンピュータが分析《ぶんせき》し、最新の変化や細かな変化を見つけるのです。そのため、人間の力をこえた「気づき」がえられ、お客さんの満足度を高めたり、売り上げをふやしたりすることができます。

※ 2020 年からの新型《しんがた》コロナウイルス感染症対策《かんせんしょうたいさく》でよびかけられた外出をひかえるための言葉。

販売《はんばい》・観光・防災《ぼうさい》。活躍《かつやく》の場が広がる

ビッグデータが活躍《かつやく》するのは、6 ～ 7ページで紹介《しょうかい》したコンビニ・スーパーなどの販売業《はんばいぎょう》だけではありません。観光や医療《いりょう》・福祉《ふくし》、防災《ぼうさい》など、さまざまな分野ですでに使われています。

参照ページでは
実際《じっさい》の活用例を
紹介《しょうかい》しているよ

活躍《かつやく》の場が広がるビッグデータとAI《エーアイ》・スーパーコンピュータ

ビッグデータを使うことで、さまざまな産業が発展《はってん》しています。ビッグデータの分析《ぶんせき》には、コンピュータが欠かせません。なかでも、「AI《エーアイ》（人工知能《じんこうちのう》）」を使うことでこれまでにない新たな価値《かち》を生み出したり、「スーパーコンピュータ」を使って処理《しょり》の時間を大幅《おおはば》に短くしたりするなど、新たなコンピュータ技術《ぎじゅつ》の活用が進んでいます。

物をつくり、売る 販売業《はんばいぎょう》

買い物をする人のデータを大量にためて、どんな年齢《ねんれい》や性別《せいべつ》の人が、どんな物を必要としているかなどを、AI《エーアイ》を使って分析《ぶんせき》しています。結果をもとに新しい商品を開発したり、どう売るかの作戦を立てたりしてヒット商品を生み出しています。（▶10 ページ）

いろんなところに
ビッグデータが
使われているんだね

物をとどける 運輸業《うんゆぎょう》

大きな倉庫や配送センターでは、商品の在庫《ざいこ》や置き場所、とどけ先の住所などをビッグデータとして管理しています。データにもとづき、配送頻度《ひんど》の高い商品を出口付近に置き、ロボットが自動で出し入れすることで、荷物を早く確実《かくじつ》にとどけられるようにしています。（▶10 ページ）

Key word

スーパーコンピュータ

膨大《ぼうだい》なデータの分析《ぶんせき》や複雑《ふくざつ》な問題の解決《かいけつ》を得意《とくい》とするコンピュータ。台風の進路予測《よそく》など、実際《じっさい》に実験するのはむずかしいことがらを、データを使ってコンピュータ上でしめします。2021年3月に運用が始まったスーパーコンピュータ「富岳《ふがく》（右の写真）」などがあります。

（理化学研究所提供）

人を集め、魅力《みりょく》を伝える

観光業

観光地について、世界中の人がSNS《エスエヌエス》でつぶやく言葉やおとずれた人のアンケート調査《ちょうさ》の結果などをビッグデータとしてためて分析《ぶんせき》しています。結果をもとに、もっとたくさんの人に来てもらうための作戦を考えています。(▶16 ページ)

Key word

AI《エーアイ》（人工知能《じんこうちのう》）

人間しかできなかった「考えること」ができるコンピュータ。ソフトバンクロボティクスの人型ロボット「Pepper《ペッパー》」（右の写真）が代表的。近年は、コンピュータの性《せい》能《のう》が向上したので、AI《エーアイ》自身がビッグデータをもとに学び、課題解決《かいけつ》できるようになっている。

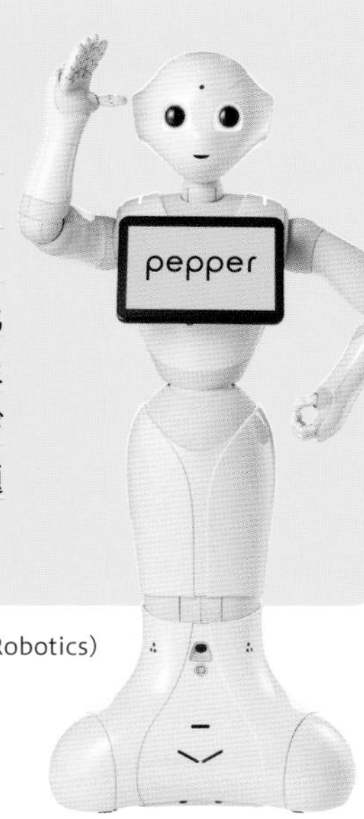

(©SoftBank Robotics)

自然を守り、食べ物をつくる

農業・水産業

農業や漁業をいとなむ人々の長年の経験《けいけん》をデータにすることで、多くの人に農業や漁業の技術《ぎじゅつ》を伝えます。すると、品質《ひんしつ》を守り、生産量をふやせるようになります。

水産物の養殖《ようしょく》についての知識《ちしき》をAI《エーアイ》に学習させ、自動化しようという取り組みもあります。(▶22 ページ)

病気をふせぐ、命を守る

医《い》療《りょう》・健康

医療《いりょう》技術《ぎじゅつ》や診断《しんだん》結果のデータをAI《エーアイ》に学習させ、病気をいち早く見つけます。また、人間の膨大《ぼうだい》な遺伝子《いでんし》データをスーパーコンピュータで解析《かいせき》し、病気のなりやすさや体質《たいしつ》の傾向《けいこう》を予測《よそく》できるようになっています。(▶28 ページ)

まち・くらしを守る

防《ぼう》災《さい》・災《さい》害《がい》時《じ》対《たい》策《さく》

大雨や台風については、雲、風、気圧《きあつ》などのデータをスーパーコンピュータで分析《ぶんせき》し、情報《じょうほう》として公表しています。また、地震《じしん》や津波《つなみ》による被害《ひがい》の予測《よそく》には、全国に設置《せっち》された地震観測《じしんかんそく》器《き》のデータなどが役立てられています。(▶34 ページ)

こまっている人を助ける

福《ふく》祉《し》

病院や介護施設《かいごしせつ》などで別々に管理されているデータを１つにまとめ、必要な情報《じょうほう》をスムーズにとどける仕組みづくりが始まっています。

手足や目など人間の細かな動きをAI《エーアイ》ロボットに覚えさせ、介護現場《かいごげんば》で役立てる取り組みもあります。

販《はん》売《ばい》・運《うん》輸《ゆ》業《ぎゅう》

アスクルのインターネットサイト。ほしい商品を検索《けんさく》して購入《こうにゅう》すると、当日や翌日《よくじつ》にとどけてくれる。

アスクル株《かぶ》式《しき》会《がい》社《しゃ》

必要な物がすぐに見つかりとどくように

アスクルは、インターネットで商品を販売《はんばい》し、とどける会社です。
コピー用紙や文具をはじめ、マスクやネジなど、会社や病院、工場などいろいろな仕事場に必要なおよそ900万種類の商品をあつかっています。必要な商品がすぐにさがせて注文でき、とどくように、さまざまなデータを活用して、いそがしく働く人々をささえています。

仕事に必要な物を
売ってとどけて
いるんだね

全部データで
解決《かいけつ》できちゃうの!?

物流センター（倉庫）では、商品が
入った棚《たな》をロボットが運んでいる。

データ・AI《エーアイ》・
ロボットを使って
全部解決《かいけつ》しよう！

お客さんの要望・
こまりごとは
さまざま

希望の商品がうまく
見つけられない

商品をさがす
時間がない

できるだけ早く
とどけてほしい

必要なのに
在庫《ざいこ》がない

アスクル株式会社《かぶしきがいしゃ》
町田《まちだ》さん　宮澤《みやざわ》さん

お客さんの情報《じょうほう》や
商品、配送ルートなど、
さまざまなデータを使って
がんばっています

きっかけは

東日本大震災《ひがしにほんだいしんさい》の影響《えいきょう》で、物がきちんととどけられない

会社ができて以来、さまざまなデータを活用してインターネット販売《はんばい》を成功させてきたアスクルが、ビッグデータの重要さを認識《にんしき》したのは、2011年に起きた東日本大震災《ひがしにほんだいしんさい》でした。東北や関東にある物流センター（倉庫）や注文を受けるセンターが被災《ひさい》して、商品を販売《はんばい》しとどけることができなくなったのです。

仕事に必要な物がとどかなければ、会社や病院、工場などは大打撃《だいだげき》を受けます。これをきっかけにアスクルのサービス全体を見直しました。どんなときでもお客さんの要望にこたえ、きちんととどけられるよう、各部署《ぶしょ》にデータサイエンティストを置き、たくさんのデータを使ってアスクルのサービスをよりよくしようと決めたのです。

◆商品販売《はんばい》の流れと使うデータ

流れ	販売《はんばい》する商品の登録	つくっている会社へ注文	商品の入荷
データ	・商品の名前 ・機能《きのう》 ・バーコード ・画像《がぞう》 など	・売れ行きの予測《よそく》 ・注文する量 など	・個数《こすう》 ・商品の大きさ ・空いている倉庫の棚《たな》の数 など

カメラマーク

スマートフォンやタブレット用のサイトにはカメラマークがある。マークをおしてさがしている商品の写真をとると、その商品の情報《じょうほう》が出てくる。

データが活躍《かつやく》❶

お客さんの要望にあったサイト

検索《けんさく》結果

おすすめ商品の提示《ていじ》

お客さんが検索《けんさく》した内容《ないよう》や購入《こうにゅう》した物のデータなどから、お客さんの要望を分析《ぶんせき》し、一人ひとりにあった検索《けんさく》結果やおすすめ商品が表示《ひょうじ》できるサイトになっています。

データが活躍《かつやく》❷

商品名がわからなくても買える

商品の写真やバーコードなど、商品の登録時のデータを使い、名前がわからない商品でもさがしあてることができます。

商品をつくる会社からアスクルに商品がとどき、販売《はんばい》されてお客さんのもとにとどくまでには、図のようなステップがあり、それぞれでいろいろな情報《じょうほう》がデータとして集められています。

商品の保管《ほかん》
- どこの倉庫に置くか
- 倉庫内の配置 など

商品の販売《はんばい》
- 検索《けんさく》されたかどうか
- いつ、何個《こ》売れたか、売れなかったか など

商品の出荷
- 商品の数
- 配送に使うダンボールのサイズ など

商品の配送
- とどけ先の住所
- 配送ルート など

お客さんにおとどけ

いろんなサービスがあって楽しそうなサイトだね

集めたデータから必要なものを選んでこんなサービスをつくったんだ

データが活躍《かつやく》 ③

お客さんからの問いあわせに、すぐに適切《てきせつ》に答える

問いあわせがあったとき、お客さんの情報《じょうほう》と問いあわせ内容《ないよう》、これまでの注文内容《ないよう》をすぐにAI《エーアイ》が分析《ぶんせき》し、お客さんの聞きたいことを予測《よそく》して短時間で対応《たいおう》できるようにしています。

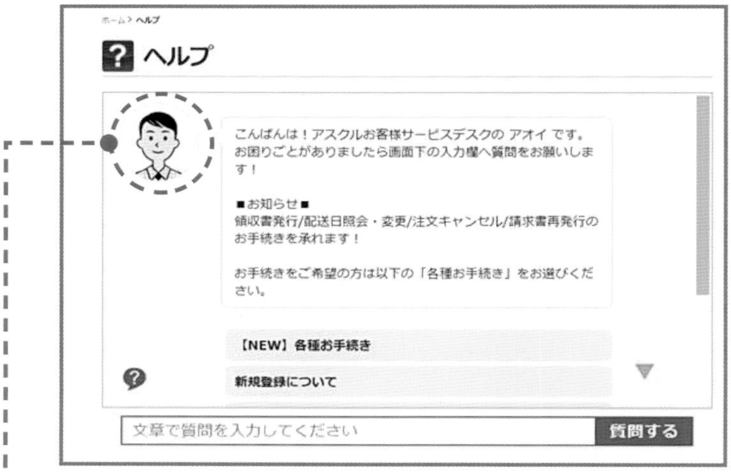

お客さんの問いあわせに答えるAI《エーアイ》「アオイくん」

「商品をキャンセルしたい」という問いあわせに対し、「○月○日のご注文分の○○○でしょうか？」など、先を予測《よそく》した対応《たいおう》をしてくれる。

データが活躍《かつやく》 ④

ロボット、データを使って少しでも早くとどける

目的の商品を見つけて運ぶ、もち上げて移動《いどう》させるなどの作業にロボットを使い、倉庫での作業をすばやく行います。また、とどけ先住所や道のりなどのデータを使って混雑《こんざつ》している配送ルートをさけ、効率《こうりつ》よくとどけます。

そんななかで起こった

「新型《しんがた》コロナウイルス感染症《かんせんしょう》」で、マスク・アルコールが足りなくなる

2020年2月ごろから新型《しんがた》コロナウイルス感染症《かんせんしょう》が流行し始め、お客さんが求める商品がコピー用紙などの事務《じむ》用品から、マスクや消毒液《しょうどくえき》などの感染予防《かんせんよぼう》用品に変わりました。データからは、仕事でマスクを使う病院や介護施設《かいごしせつ》の人が、3か月で約1200～1400回もマスクを検索《けんさく》していることがわかりました。なかなか手に入らずにこまっていたのです。

そこで、感染予防《かんせんよぼう》用品がないと、命にかかわったり生活できなかったりする人にとどけるため、できることはないかと考えました。

◆アスクルサイト内の検索《けんさく》回数

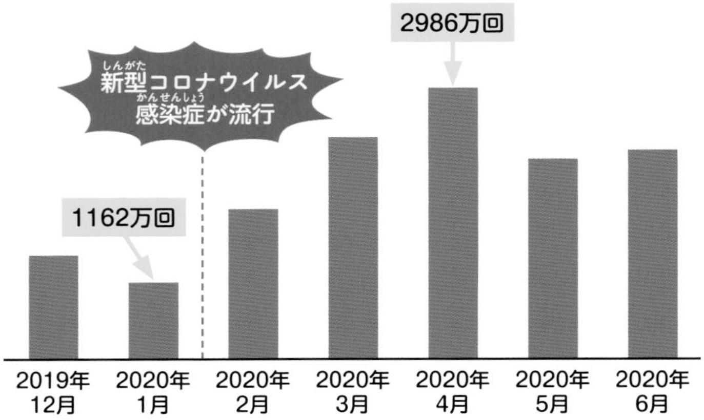

新型《しんがた》コロナウイルス感染症《かんせんしょう》の流行とともに、アスクルサイトでの検索《けんさく》回数は3倍近くにふえた。

◆アスクルサイト内の検索《けんさく》キーワード

2020年1月24日～4月20日

マスク
消毒液《しょうどくえき》・アルコール
トイレットペーパー
ペーパータオル
ティッシュ
体温計
ハンドソープ
エタノール
除菌《じょきん》シート
ウエットティッシュ

検索《けんさく》される商品トップ10も、左の表のように感染予《かんせんよ》防《ぼう》用品が中心になった。新《しん》型《がた》コロナウイルス感染症《かんせんしょう》の流行前は、コピー用紙やクリアファイルなどの事務《じむ》用品が中心だった。

データサイエンティストチームのリーダー
町田賢一《まちだけんいち》さん

小学生のみなさんへ

新型《しんがた》コロナウイルス感染症《かんせんしょう》のような困難《こんなん》が起こっているときは、解決《かいけつ》しなくてはならない課題が必ずデータにあらわれます。そうした状況《じょうきょう》で課題を見つけたとき、わたしは「大変なこと」ではなく「チャンス」ととらえ、解決《かいけつ》にいどんでいます。

みなさんも、さまざまな課題に前向きに挑戦《ちょうせん》してみてください。

データで見ても、明らかな異常事態《いじょうじたい》でした。何とかしなくては、と思いました

解決《かいけつ》のために

「医療《いりょう》にかかわる人にだけとどける」システムをつくった

マスクや消毒液《しょうどくえき》・アルコールが足りずにこまっているお客さんのために考えたのが、アスクルがもつ「商品のデータ」とお客さんの「職業《しょくぎょう》・行動データ」をつなげて「特定の人だけにとどけるシステム」でした。病院や介《かい》護施設《ごしせつ》など、本当に必要でこまっているお客さんにだけ在庫《ざいこ》がある商品をメールで知らせて販売《はんばい》し、そうではないお客さんには商品を売らない仕組みを大急ぎでつくったのです。

この仕組みは、国と連携《れんけい》することで広く活用され、必要な人のもとへ確実《かくじつ》に感染予防《かんせんよぼう》用品をとどけられるようになりました。

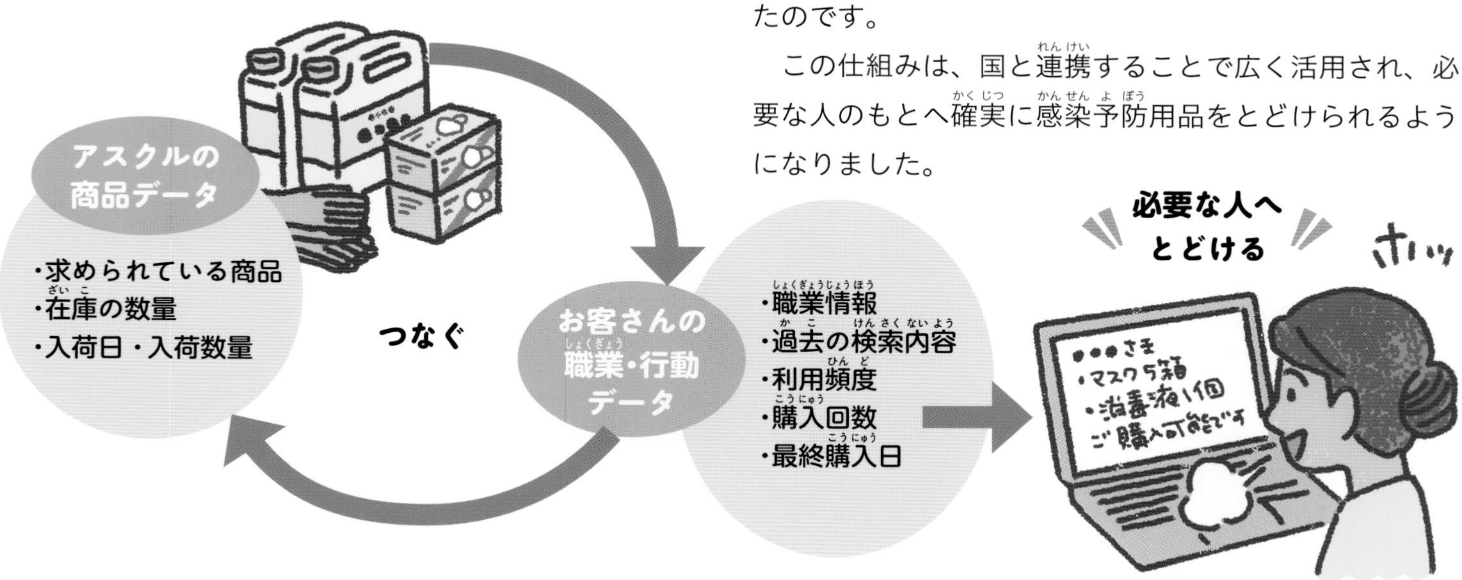

これからは

「電気・水道・ガス・アスクル」。お客さんのくらしのあたりまえに

アスクルは、電気や水道、ガスなどと同じように、あるのがあたりまえで無意識《むいしき》に使われる販売《はんばい》サイトをめざしています。データを活用し、いずれは「注文しなくても、くらしや仕事に必要な物は必要なときにアスクルからとどく」ようにしたいと考えています。

そのために必要なのは、お客さんからの信頼《しんらい》です。よい商品を約束どおりにとどけることをはじめ、データを使ってお客さん一人ひとりの要望をきちんと把握《はあく》して、どんなときも適切《てきせつ》にこたえることで信頼《しんらい》関係をきずきたいと考えています。

データ活用全体のリーダー
宮澤典友《みやざわのりとも》さん

小学生のみなさんへ

わたしの夢《ゆめ》は、アスクルで注文した商品を宇宙《うちゅう》ステーションにもすぐにとどけられるようにすることです。今は、１回とどけるだけで何億円もかかりますが、たくさんの人が宇宙《うちゅう》へ行くようになり、データ活用や科学技術《ぎじゅつ》がもっと発展《はってん》した未来には、できるのでは？ と思っています。

データを使ってどんなことができるか、やりたいか、みなさんも考えてみてください。

兵庫《ひょうご》県豊岡《とよおか》市

“豊《とよ》岡《おか》らしさ”を武《ぶ》器《き》に 世界中から人が集まるように

兵庫《ひょうご》県豊岡《とよおか》市は、津居山《ついやま》漁港でとれるカニ、城崎《きのさき》温泉《おんせん》、野生のコウノトリなどが有名な観光のまち。しかし、日本の人口がへっていくことが予想されていて、日本人観光客をふやすことがむずかしくなっています。そこで、「豊岡《とよおか》市の魅力《みりょく》」を見つめ直してデータで分析《ぶんせき》し、外国人観光客をよぶための作戦を立てました。

日本の人口がへる、観光客もへる。どうする!?

外国の人たちに来てもらう！

自然ゆたかな里山には、野生のコウノトリが飛びかっている。

出石城《いずしじょう》の跡地《あとち》を中心とした江戸《えど》時代のまちなみが楽しめる。

冬には、津居山《ついやま》漁港にあがったとれたての「津居山《ついやま》かに」が食べられる。

（16 ～ 17 ページの写真：豊岡市フォトライブラリー）

始まりは

観光客をよぼう。でも、使えるデータがない!?

2002年ごろ、日本全体で人口がへり始めました。日本人の観光客がへるという課題が観光業全体であるなか、豊岡《とよおか》市では「まちの魅力《みりょく》を発信し、外国人観光客に来てもらおう」と考えました。

その後、海外の旅行ガイドブックに取り上げられたのをきっかけに、外国人観光客は少しふえましたが、まだまだでした。もっとたくさんの人に来てもらおうと、2013年に市役所に「大交流課《だいこうりゅうか》」を設置《せっち》しました。本格的《ほんかくてき》に外国人観光客についてデータ分析《ぶんせき》を行い、それをもとに情報《じょうほう》発信を行うことにしました。ところが、肝心《かんじん》のデータが何もないことに気がつきます。市役所では観光についてのデータを集めていなかったのです。

そこで、観光の専門家《せんもんか》とともに「Visit《ビジット》 Kinosaki《キノサキ》」というウェブサイトをつくり、まちに来る外国人観光客のデータを集めました。

大交流課《だいこうりゅうか》という名前には、「人・物・情報《じょうほう》の交流をさかんにする『大交流』で地域《ちいき》をもり上げよう」という思いがこめられています。

新しくつくった①

外国人向けの情報《じょうほう》発信・宿泊《しゅくはく》予約ウェブサイト「Visit《ビジット》 Kinosaki《キノサキ》」

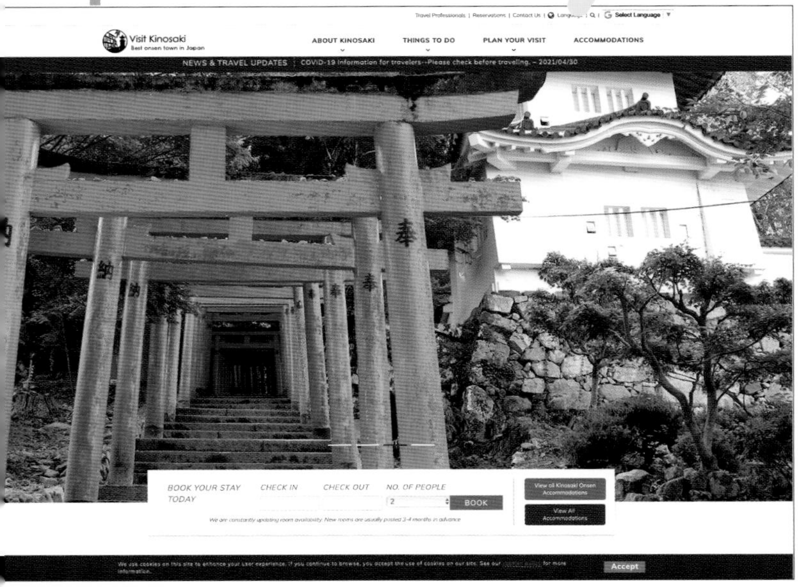

こんなデータが集まるようになった

- どこの国の人が予約しているか
- 宿泊《しゅくはく》の何日前に予約が入るか
- どんな宿泊《しゅくはく》プランが人気か
- 新しい情報《じょうほう》を発信したあとの予約状況《じょうきょう》はどうか

など

新しくつくった②

集めたデータを豊岡《とよおか》市の観光にいかす会社「豊岡《とよおか》観光イノベーション」

こんなことができるようになった

- Visit《ビジット》 Kinosaki《キノサキ》のデータを分析《ぶんせき》して、効果的《こうかてき》な作戦を立てる
- 人気の観光プランをつくる
- 外国人観光客に対して独自《どくじ》のアンケート調査《ちょうさ》を行う

など

データが集まると

「気づき」から解決策《かいけつさく》、新たな課題が見つかるように

大交流課《だいこうりゅうか》では、集めたたくさんのデータから何がわかるかを考えました。すると、「外国人観光客は、宿泊《しゅくはく》予約をしてから日本に来るのではなく、日本に長期滞在《ちょうきたいざい》している間に、城崎温《きのさきおん》泉《せん》の予約をとる人が多い」また、「豊岡《とよおか》市の魅力《みりょく》は『昔ながらの日本を体験できるところ』と感じている人が多い」などもわかりました。ほかにも、下のような発見がありました。

◆城崎温泉《きのさきおんせん》に行きたいと思わせた「情報源《じょうほうげん》」は何ですか？

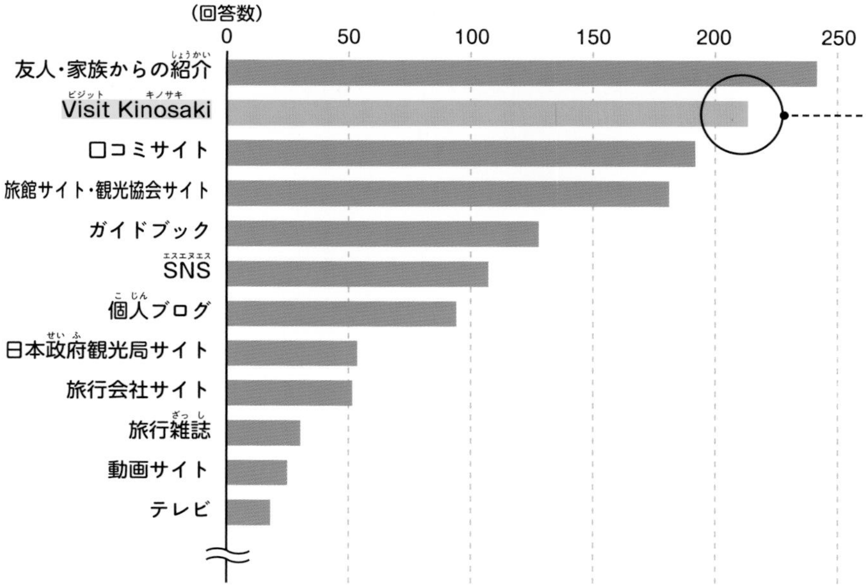

データで発見 ❶

Visit《ビジット》 Kinosaki《キノサキ》をきっかけに来てくれる人は多い

でも「友人・家族からの紹介《しょうかい》」よりは少ない

↓

気づき

今、来ている人の満足度が上がると、もっと紹介《しょうかい》がふえるかも！

でも宿泊《しゅくはく》予約数は多くない

↓

新たな課題

Visit《ビジット》 Kinosaki《キノサキ》で予約しないのはなぜだろう

アンケート調査《ちょうさ》によって、実際《じっさい》におとずれた人がいちばんの情報源《じょうほうげん》になるとわかった。今来ている人をおもてなしすることに力を入れるようになった。

データで発見 ❷

外国語が通じないことも楽しんでいる

↓

気づき

城崎《きのさき》らしさ・おもてなしの心を大事にすることが重要かもしれない

データで発見 ❸

「部屋つき夕食」の文化を知らない？

↓

気づき

日本の旅館には、「それぞれの部屋で食事をする」文化があることを教えてあげるといいかもしれない

くり返し取り組んで

たくさんの外国人観光客でにぎわうまちに

19ページのような分析《ぶんせき》のくり返しのなかで、大交流課《だいこうりゅうか》では、「豊《とよ》岡《おか》のまちを楽しんでくれそうな人へ情報《じょうほう》を発信する」といった作戦で外国人観光客に来てもらう取り組みを続けました。

その結果、豊岡《とよおか》市をおとずれる外国人観光客の宿泊者数《しゅくはくしゃすう》は、2011年は1118人でしたが、2019年には6万3648人と、約57倍になりました。城崎温泉《きのさきおんせん》では、浴衣《ゆかた》を着て宿泊施設《しゅくはくしせつ》の外にある温泉《おんせん》（外湯《そとゆ》）をめぐる外国人観光客がふえ、まちの風景にとけこむようになりました。くり返しおとずれる外国人観光客もふえました。

◆豊岡《とよおか》市で宿泊《しゅくはく》した外国人観光客の数

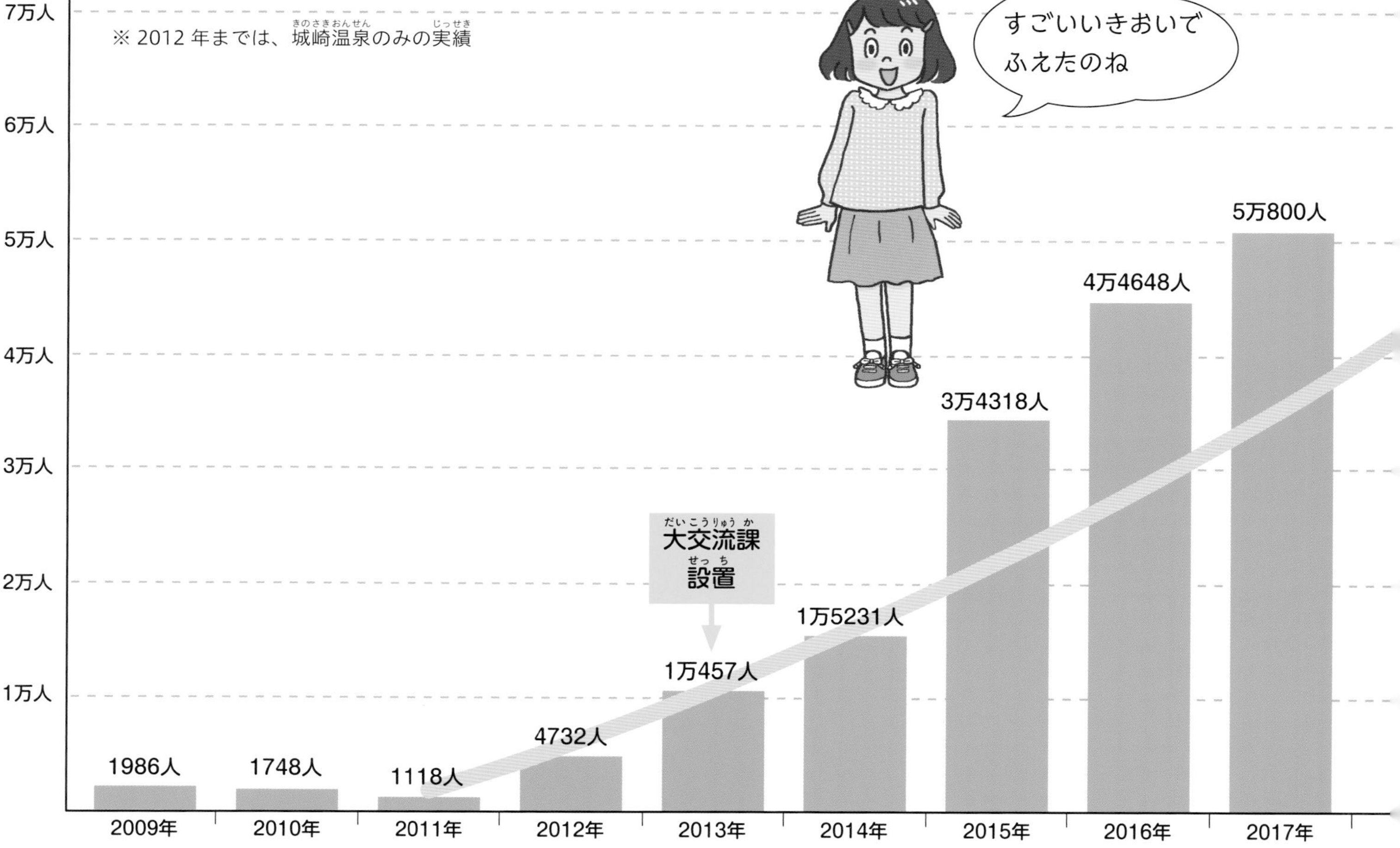

データを分析《ぶんせき》する人の重要さもわかった

データ分析《ぶんせき》をくり返すなかで、データは「ただ集めるだけでは意味がない」ことがわかりました。

課題にあったデータを集めたら、それを正しく分析《ぶんせき》できる人が必要で、そのための人集めや育成にも力を入れています。国の制度《せいど》を利用して、豊岡《とよおか》市の課題解《かい》決《けつ》に興味《きょうみ》がある外国の人に職員《しょくいん》として来てもらい、一《いっ》緒《しょ》に取り組んでいます。

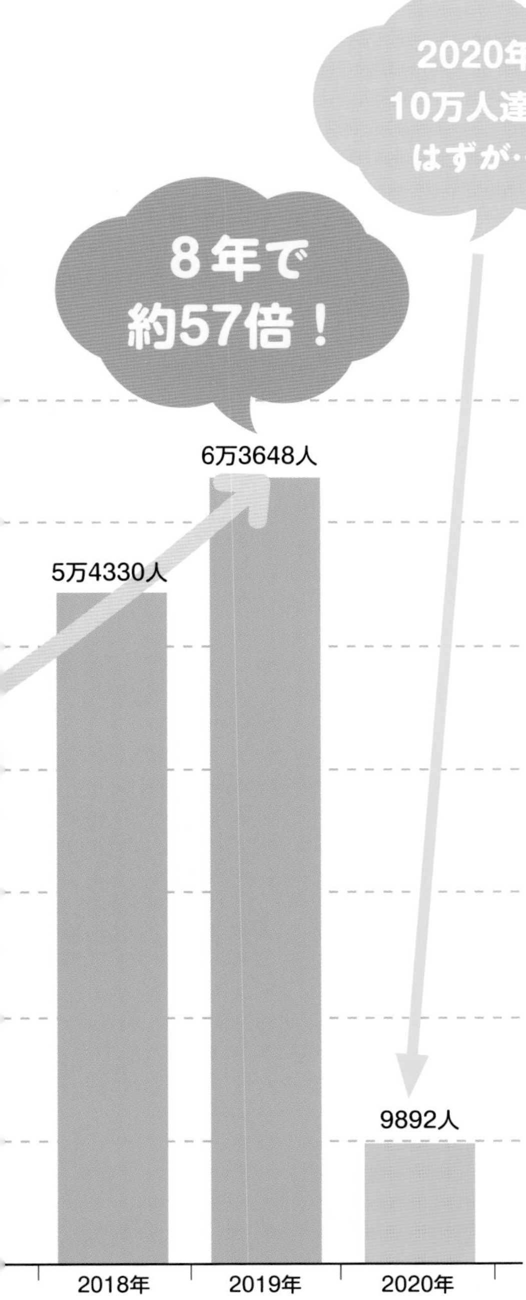

豊岡《とよおか》市環境《かんきょう》経済《けいざい》部《ぶ》参事《さんじ》
兼《けん》大《だい》交流《こうりゅう》課《か》長《ちょう》
谷口《たにぐち》 雄彦《たけひこ》さん

小学生のみなさんへ

たくさんのデータにふれていると、データを見た瞬間《しゅんかん》に「なんか変だな？」「どうしてこうなるの？」という違和《いわ》感《かん》をおぼえるようになります。わたしはこの感覚を大事にしています。
みなさんも、データを見て感じた違《い》和感《わかん》を大事にして原因《げんいん》をさぐってみてください。きっと、よい解決策《かいけつさく》が見つかります。

新型《しんがた》コロナウイルス感染症《かんせんしょう》を受けて

旅館・飲食店をふくめた、まち全体のデータでみんなを元気に

新型《しんがた》コロナウイルス感染症《かんせんしょう》の流行で、観光地は大きな影響《えいきょう》を受けました。これをきっかけに考え始めたのが、外国人観光客だけでなく、日本人観光客についてもデータをとることです。それを旅館、飲食店、土産《みやげ》店《てん》など、まち全体で共有して、みんなで元気を取りもどそうとしています。
豊岡《とよおか》市のなかでも、城崎温泉《きのさきおんせん》では「駅は玄関《げんかん》、道はろうか、まち全体が一つの旅館」という考えが根づいているので、始めやすいのではないか、と考えられています。

ビッグデータで大成功③ 水産業

富《ふ》士《じ》通《つう》Japan《ジャパン》株《かぶ》式《しき》会《がい》社《しゃ》

匠《たくみ》の技《わざ》をデータにして
世界に負けない水産業を

今、世界中の海で「環境破壊《かんきょうはかい》」や「とりすぎ」のために、水産資源《しげん》がへっています。
このままでは食料不足になる日が来るかもしれません。日本では漁業をつぐ人が足りないという
問題もあります。そこで、何十年とつちかった漁師《りょうし》の技術《ぎじゅつ》をデータ化し、
安全でおいしい水産物を育てる仕組みをつくろうという取り組みが始まっています。

富士通《ふじつう》Japan《ジャパン》のデータ技術《ぎじゅつ》を使いウニ・ナマコの養殖《ようしょく》に取り組む北海道神恵内村《ほっかいどうかもえないむら》。

いつでも安定してとれるようにしよう

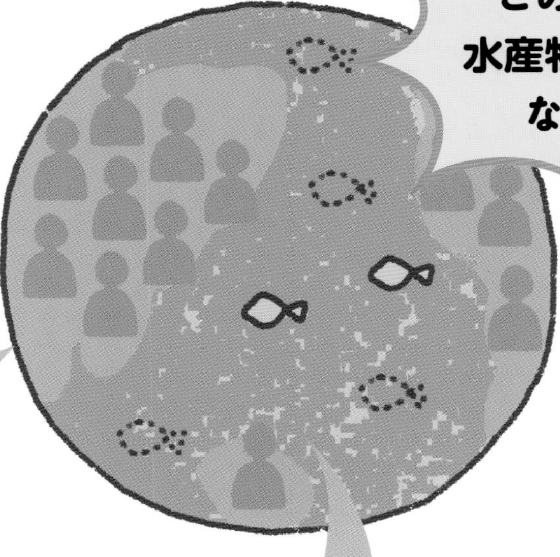

このままでは、水産物が食べられなくなる！

世界人口は2030年で85億人に

2019年の世界人口は77億人だった。

世界の水産資源《しげん》は40年で約半分に

1970年代からの環境《かんきょう》破壊《はかい》や水産物のとりすぎが影響《えいきょう》している。

（国際連合広報センター「世界人口推計 2019年版」）
（AFPBB News 2015年）
22～27ページの写真：Photo by Kenichi Shimura

Fishtech《フィッシュテック》®チーム
小《こ》葉《ば》松《まつ》 知《のり》行《ゆき》さん

解決《かいけつ》のために

ノルウェーにならい、日本も養殖業《ようしょくぎょう》にデータ活用を！

ノルウェーでは、養殖場《ようしょくじょう》の水温管理やえさやりなどをすべてコンピュータで管理し、データを集めています。データは数十年分あるので、魚がすごしやすい環境《かんきょう》かどうかや出荷のタイミングなど、いろいろなことをデータから判断《はんだん》することができます。こうした仕組みのおかげで、少ない人数でたくさんの魚を、安全に育てることができています。

一方、日本の養殖《ようしょく》は漁師《りょうし》の長年の経験《けいけん》と勘《かん》をたよりに、たくさんの労働力と多くの時間をかけて行っています。養殖《ようしょく》の課題解決《かいけつ》に取り組む富士通《ふじつう》Japan《ジャパン》のチームは、ノルウェーと日本のちがいにおどろき、日本でもデータを使った「いつでもどこでもだれでもできる」養殖《ようしょく》システムをつくろうと「Fishtech《フィッシュテック》® 養殖管理《ようしょくかんり》」の開発を始めました。

小学生のみなさんへ

日本の漁師《りょうし》は、経験豊富《けいけんほうふ》な「匠《たくみ》」や「職人《しょくにん》」といったイメージがありますが、ノルウェーはちがいます。養殖業《ようしょくぎょう》を行っているのは大きな会社で、たくさんのお金をかせいでいます。養殖業《ようしょくぎょう》は人気の職業《しょくぎょう》なんですよ。Fishtech《フィッシュテック》®養殖管理《ようしょくかんり》を使うことで、日本の養殖業《ようしょくぎょう》も人気の職業《しょくぎょう》になればと思っています。

こうしてできたのが「Fishtech《フィッシュテック》®養殖管理《ようしょくかんり》」

「IoT《アイオーティー》」の技術《ぎじゅつ》で、水温や水質《すいしつ》を管理するセンサーや魚の様子を見るカメラなどのデータが、パソコンやスマートフォン、タブレットに送られ、どこからでもデータを確認《かくにん》することができる。

Fishtech《フィッシュテック》®養殖管理《ようしょくかんり》でできること①

「見える化」

センサーで水そうの環境《かんきょう》を見る

水そうごとにあるセンサーによって、水温や水質《すいしつ》などのデータがコンピュータに送られ、水そう内の環境《かんきょう》を数字やグラフで見ることができます。

カメラで水産物の動き・様子を見る

水そうに置いたカメラから、魚や貝などの水産物の「今」や水そうの周りの様子を画像《がぞう》データで確認《かくにん》できます。

Fishtech《フィッシュテック》®養殖管理《ようしょくかんり》でできること②

「作業の効率化《こうりつか》」

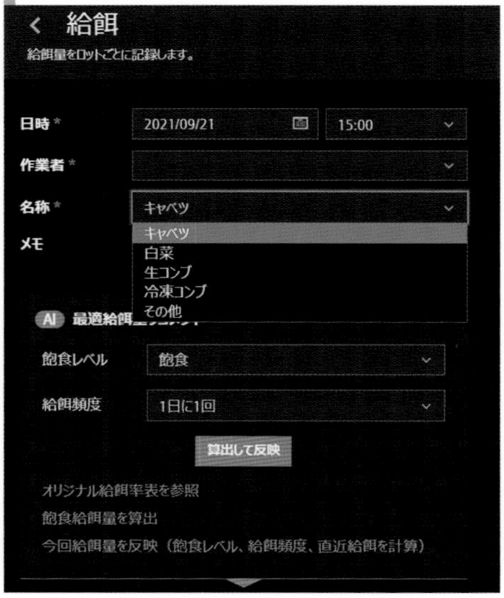

えさをあたえたら、その場で何時にだれが何をあたえたかなどをタブレットなどに入力し、記録・保存《ほぞん》できる（ほかの作業の記録もできる）。

- **作業場で記録・保存《ほぞん》できる**
- **水そうの異常《いじょう》がすぐにわかる**
- **遠隔操作《えんかくそうさ》ができる**

作業をしたら、その場でタブレットなどにデータを入力し、ほかの人と共有することができます。また、水そうに異常《いじょう》があったときはセンサーが反応《はんのう》してスマートフォンなどへ通知するため、すぐに気づくことができます。水そうの近くに行かなくても、自動できれいな水と入れかえることもできます。

Fishtech《フィッシュテック》®養殖管理《ようしょくかんり》でできること③

「データをいかす」

- **集めたデータを時間をおって見ることができる**
- **使いたいデータを自由に使える**

集めたデータはクラウド(▸1巻《かん》21ページ)にたまるため、必要なときに自由に取り出して使うことができます。データをもとに、よりよい養殖環境《ようしょくかんきょう》をつくったり、よりおいしい水産物を育てるなどの新しい研究をすることができます。

Fishtech《フィッシュテック》®養殖管理《ようしょくかんり》を使って

北海道《ほっかいどう》神恵内村《かもえないむら》でウニ、ナマコの養殖《ようしょく》に成功

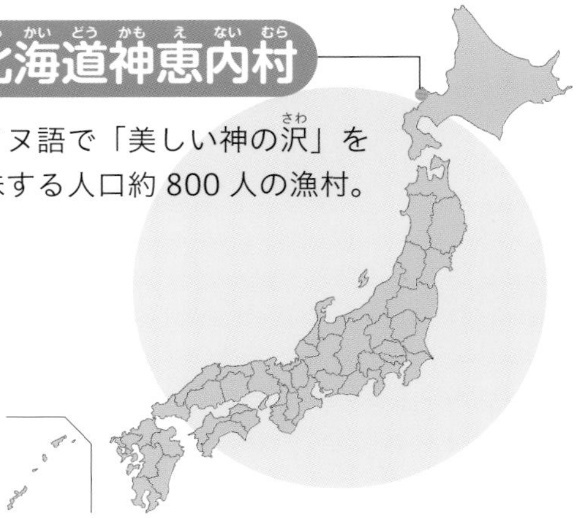

北海道《ほっかいどう》神恵内村《かもえないむら》

アイヌ語で「美しい神の沢《さわ》」を意味する人口約800人の漁村。

Fishtech《フィッシュテック》®養殖管理《ようしょくかんり》の開発が始まるころ、北海道《ほっかいどう》神恵内村《かもえないむら》では、ウニ、ナマコなどの養殖事業《ようしょくじぎょう》を進めていましたが、気象条件《きしょうじょうけん》に左右されることやえさやりなどの作業が大変でした。

そんなとき、“神恵内村《かもえないむら》の漁業をなんとかしたい”という地元の会社を通じて富士通《ふじつう》Japan《ジャパン》と出会い、2018年にFishtech《フィッシュテック》®養殖管理《ようしょくかんり》を使った共同実験を村で行うことを決めました。ウニやナマコの養殖《ようしょく》でどんなデータを集めるか、どんな環境《かんきょう》で育てるとよいかなどは、神恵《かもえ》内村《ないむら》で養殖事業《ようしょくじぎょう》にかかわっていた人たちと話し合いながらくり返し調整しました。2020年、ついに、気象《きしょう》に影響《えいきょう》されずにウニ、ナマコが育てられるようになり、育てる人の作業効率《こうりつ》も劇的《げきてき》に上がりました。

神恵内村《かもえないむら》と富士通《ふじつう》Japan《ジャパン》をつないだ地元会社の社長。村の関係者にFishtech《フィッシュテック》®養殖管《ようしょくかん》理《り》について説明し、学んでもらった。

ウニやナマコを実際《じっさい》に育てるのは、神恵内村《かもえないむら》役場と関係のある企業《きぎょう》の職員《しょくいん》。さまざまなデータをとり、よりよい環境《かんきょう》やえさの種類・量・タイミングなどを研究し、1年中おいしいウニとナマコを育てることができるようになった。

今後は

年間5億円規模《きぼ》の売り上げを村の人たちへ

神恵内村《かもえないむら》は高齢化《こうれいか》が進み、漁業をつぐ人もへっています。Fishtech《フィッシュテック》® 養殖管理《ようしょくかんり》を使った陸上での養殖《ようしょく》なら、少ない人数でも、高齢《こうれい》でも行うことができます。1年中生産し、販売《はんばい》できるので、安定した収入《しゅうにゅう》も期待できます。

今後は、1年に約5億円の売り上げを目標にウニやナマコの水そうをふやし、村全体を発展《はってん》させようと考えられてます。

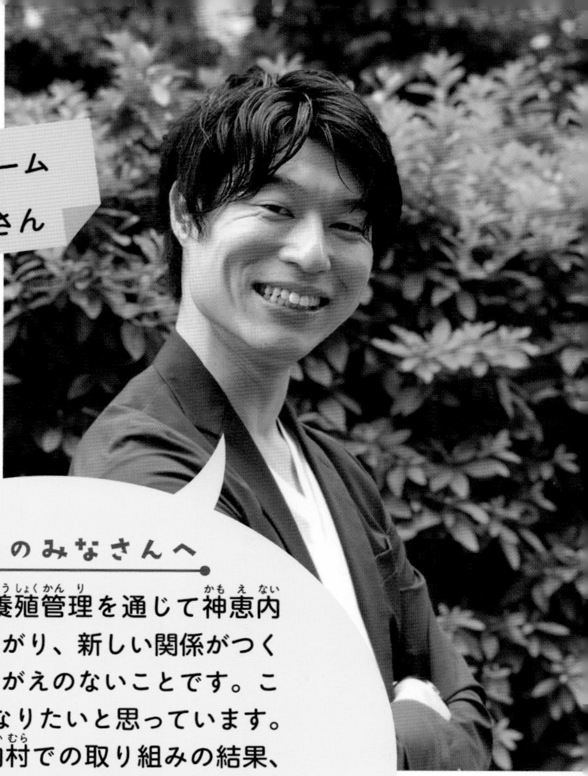

Fishtech《フィッシュテック》®チーム
武《たけ》野《の》 竜《たつ》也《や》さん

小学生のみなさんへ

Fishtech《フィッシュテック》® 養殖管理《ようしょくかんり》を通じて神恵内《かもえない》村《むら》の方々とつながり、新しい関係がつくれたことはかけがえのないことです。これからも、力になりたいと思っています。

また、神恵内村《かもえないむら》での取り組みの結果、内閣府《ないかくふ》が主催《しゅさい》する「第3回日本オープンイノベーション大賞《たいしょう》」で農林水産大臣賞《のうりんすいさんだいじんしょう》を受賞《じゅしょう》するなど、たくさんの賞《しょう》をいただきました。これを自信に、ほかの地域《ちいき》や会社のお手伝いもしたいと思っています。

これからのFishtech《フィッシュテック》®

地球にやさしくおいしい魚が安心して食べられるように

Fishtech《フィッシュテック》® 養殖管理《ようしょくかんり》は、Fishtech《フィッシュテック》® でできることの一部です。富士通《ふじつう》Japan《ジャパン》では、魚の養殖《ようしょく》管理システムをはじめ、「育てる・とる」「加工・流通」「販売《はんばい》」のすべてをデータでつなぐことを目標にしています。これが、Fishtech《フィッシュテック》® です。

わたしたちが食べる魚は、だれがいつ育てたものか、また、どんなえさで育ったのかがわかれば、食の安全・安心につながります。さらに、水産業の人手不足を解消《かいしょう》するためにも、コンピュータとデータの力を使って、すべての作業を自動でできるシステムの開発をめざしています。

これからの目標

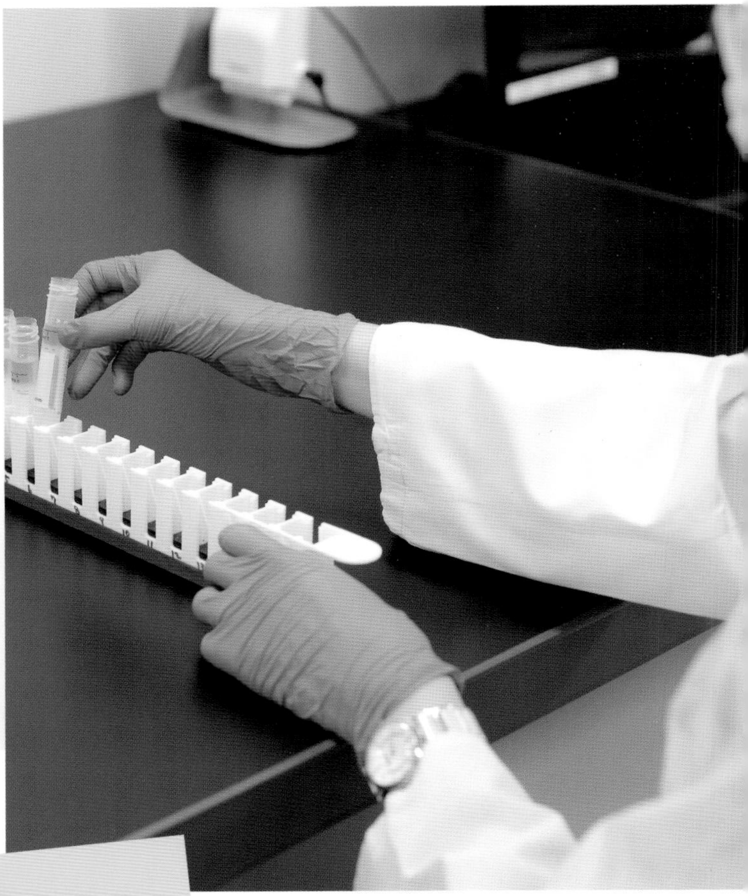

株《かぶ》式《しき》会《がい》社《しゃ》DeNA《ディーエヌエー》ライフサイエンス

人の遺《い》伝《でん》子《し》から病気や体《たい》質《しつ》の傾《けい》向《こう》がわかるように

わたしたちの体には、「遺《い》伝《でん》情《じょう》報《ほう》」という膨《ぼう》大《だい》なデータがあります。
それはちょうど、体の“設《せっ》計《けい》図《ず》”となるものです。最近は、このビッグデータを使って、
病気のなりやすさや体《たい》質《しつ》などの傾《けい》向《こう》を調べる研究が進んでいます。
近いうちに、一人ひとりにあった健康管理や病気の予《よ》防《ぼう》ができる未来が来るかもしれません。

ぼくたちの体のなかに
ビッグデータがあるの!?

体をつくっている
ビッグデータを
分析《ぶんせき》できるのね!?

**自分の遺伝情報《いでんじょうほう》から、
もっと体にあった
健康管理ができるよう
になるかも!?**

**病気の予防法《よぼうほう》や
健康情報《じょうほう》ってどれが
正しいのかわからない！**

そうなんです！ 体の設計図《せっけいず》
となるビッグデータを使って、
一人ひとりが「どんな傾向《けいこう》を
もっているか」を調べていきます。
くわしく見てみましょう

株式会社《かぶしきがいしゃ》
DeNA《ディーエヌエー》ライフ
サイエンス
中村《なかむら》さん

始まりは

生命の謎《なぞ》をとき明かす大計画

人の体は、数十兆個《ちょうこ》の細胞《さいぼう》でできています。その一つひとつの細胞《さいぼう》のさらにその中心には、“体の設計図《せっけいず》”といわれる「DNA《ディーエヌエー》」があります。DNA《ディーエヌエー》は、「A《エー》（アデニン）」「T《ティー》（チミン）」「G《ジー》（グアニン）」「C《シー》（シトシン）」という４種類の物質《ぶっしつ》が「A《エー》とT《ティー》」「G《ジー》とC《シー》」の対で組みあわさっており、この組みあわせは30億個《こ》あります。このなかには、体ができるときに親から子へ引きつがれる「遺伝情報《いでんじょうほう》（遺伝子《いでんし》）」がふくまれています。

1990年には、この30億個《こ》の組みあわせをすべてデータにして読みとこうという「ヒトゲノム計画」が始まりました。日本をふくむ6か国の研究者が力をあわせ、スーパーコンピュータ（▶8ページ）を使い、10年がかりですべてを読み終えることができました。

◆DNA《ディーエヌエー》はどんなもの？

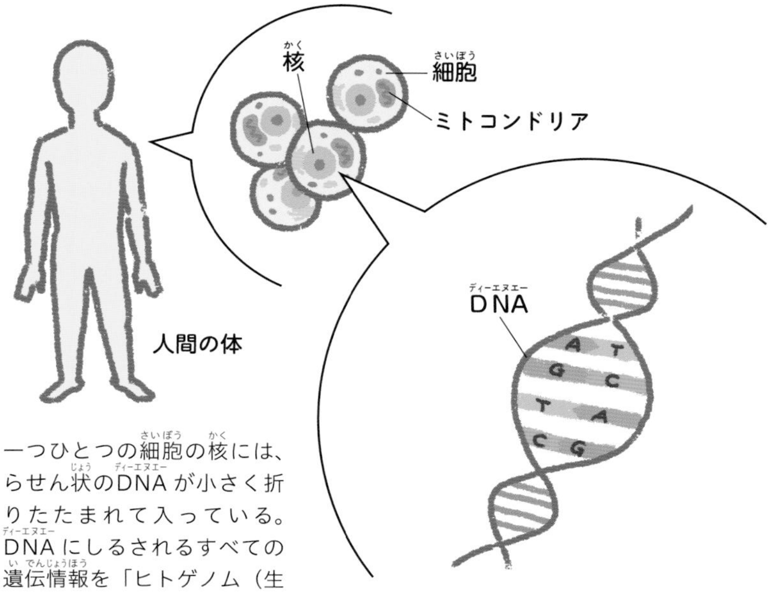

一つひとつの細胞《さいぼう》の核《かく》には、らせん状《じょう》のDNA《ディーエヌエー》が小さく折りたたまれて入っている。DNA《ディーエヌエー》にしるされるすべての遺伝情報《いでんじょうほう》を「ヒトゲノム（生物の場合はゲノム）」という。

ヒトゲノム計画でわかった

① 人間の遺伝子《いでんし》の数はネズミと変わらない

DNA《ディーエヌエー》を解析《かいせき》すると、遺伝情報《いでんじょうほう》をもつ遺伝子《いでんし》が約２万個《こ》あるとわかりました。この数は、ネズミでもチンパンジーでも同じとわかり、当時の研究者たちはとてもおどろきました。

② “設計図《せっけいず》”として働くのは2%だけ

DNA《ディーエヌエー》のうち、実際《じっさい》に体の設計《せっけい》図《ず》の働きをしているのはたったの２%ほどといわれています。残りの98%が何をしているのかは、まだわかっていません。

③ 0.1%はみんなちがう組みあわせ

全人類が、99.9%同じDNA《ディーエヌエー》の組みあわせをもっていることもわかりました。ほかの人とのちがいはわずか0.1%。これが、「一人ひとりの個性《こせい》」となります。

2000年以降《いこう》

人間や生物のデータは爆発的《ばくはつてき》にふえた

DNA《ディーエヌエー》は人間だけではなくあらゆる生物がもっています。ヒトゲノムを読みといた2000年以降《いこう》には、野菜や昆虫《こんちゅう》、動物など、いろいろな生物の遺伝情報《いでんじょうほう》をデータにする研究が活発になりました。また、祖先《そせん》や生命、わたしたち自身をもっとよく知ろうという遺伝子《いでんし》の研究も急速に進んでいます。研究の成果は、命にかかわる病気の予防《よぼう》や治療《ちりょう》などにいかされています。

◆人間や生物の遺伝情報《いでんじょうほう》にかかわるデータ数

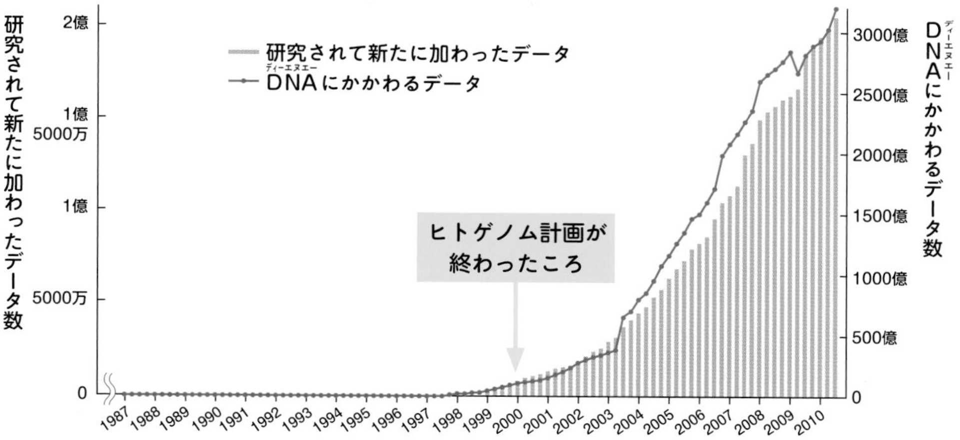

2000年以降《いこう》、DNA《ディーエヌエー》にかかわる遺伝情報《いでんじょうほう》のデータはどんどんふえている（グラフの赤線）。このデータを利用した研究もたくさん行われるようになった。

（「欧州分子生物学研究所-EMBL-データベース」より作成）

検査《けんさ》を申しこむと、写真の検査《けんさ》キットが送られてくる。だ液《えき》をとって送り、解析《かいせき》が終わると、ホームページで自分の結果を確認《かくにん》できる。

そこで登場

自分の遺伝子《いでんし》のことがわかる「MYCODE《マイコード》」

株式会社《かぶしきがいしゃ》DeNA《ディーエヌエー》ライフサイエンスでは、2014年から自宅《じたく》でできる遺伝子検査《いでんしけんさ》サービス「MYCODE《マイコード》」を販売《はんばい》しています。平均寿命《へいきんじゅみょう》が80才をこえる日本では、病気の治療《ちりょう》はもちろん、年をとってもずっと健康でいることが重要です。そこで、健康なうちに自分の遺伝情報《いでんじょうほう》を知り、健康をたもつヒントとして使ってもらいたいと考えました。

MYCODE《マイコード》では、検査《けんさ》を受ける人のだ液《えき》をもとに遺伝情報《いでんじょうほう》を解析《かいせき》します。細胞《さいぼう》の変化やDNA《ディーエヌエー》のならび方の少しのちがいから、その人の病気のなりやすさや体質《たいしつ》の傾向《けいこう》を調べます。

遺伝子検査《いでんしけんさ》のほか

ふだんの食事や生活習慣《しゅうかん》も確認《かくにん》する

MYCODE《マイコード》では、遺伝情報《いでんじょうほう》を調べるのと同時に、検査《けんさ》を受ける人の食事や生活習慣《しゅうかん》についても確認《かくにん》します。特定の病気になりやすい遺伝的《いでんてき》な傾向《けいこう》があるからといって、将来《しょうらい》、必ずその病気になるというわけではありません。遺伝情報《いでんじょうほう》と食事や生活のデータを組みあわせると、病気のなりやすさも変わってきます。MYCODE《マイコード》では、遺伝子検査《いでんしけんさ》の結果だけでなく、食事や生活習慣《しゅうかん》についてのアドバイスもとどけています。

◆MYCODE《マイコード》でわかること

がんのなりやすさ	・肺《はい》がん ・乳《にゅう》がん ・胃《い》がん　など38項目《こうもく》
生活習慣《しゅうかん》にかかわる病気のなりやすさ	・高血圧《こうけつあつ》 ・肥満《ひまん》 ・糖尿病《とうにょうびょう》　など19項目《こうもく》
そのほかの病気のなりやすさ	・痛風《つうふう》　・ぜんそく など93項目《こうもく》
体質《たいしつ》	・脂肪《しぼう》の多さ ・薄毛《うすげ》のなりやすさ など130項目《こうもく》

祖先《そせん》のこと

・どんな祖先《そせん》か
・どんなルートで日本へ来たか　など

日本人の祖先《そせん》は、遺伝子的《いでんしてき》には大きく10タイプに分けられるという分析《ぶんせき》があります。自分がどれにあてはまるかを調べるサービスもあります。MYCODE《マイコード》では「ミトコンドリア（▸30ページ）」という器官のDNA《ディーエヌエー》を調べる方法を使っています。

自分の祖先《そせん》がどのように日本へ来たかなどが教えてもらえる。

「ふむふむ」と思えること

・肌《はだ》の保湿力《ほしつりょく》はどのくらいあるか
・ポジティブ思考かどうか
・おこりっぽいかどうか
・ねばり強いかどうか
・福耳かどうか　など

世界にはちょっと変わった遺伝子《いでんし》研究をして発表している人もいるため、そうした研究データとお客さんの遺伝子《いでんし》データをくらべることも行っています。

結果をもとに

たくさんの人が病気予防《よぼう》に取り組んでいる

自分の遺伝情報《いでんじょうほう》を変えることはできませんが、それを知って生活を変えれば、病気のなりやすさは変えることができます。

自分の遺伝情報《いでんじょうほう》を知った人のなかには、「なんとなく病気がこわかったけれど、きちんとそなえれば大丈《だいじょう》夫《ぶ》と思えるようになった」という人がいます。「タバコをやめました」「お酒を飲みすぎないようにしています」という人もいます。

◆遺伝子検査《いでんしけんさ》によって行動が変わった人がたくさん！

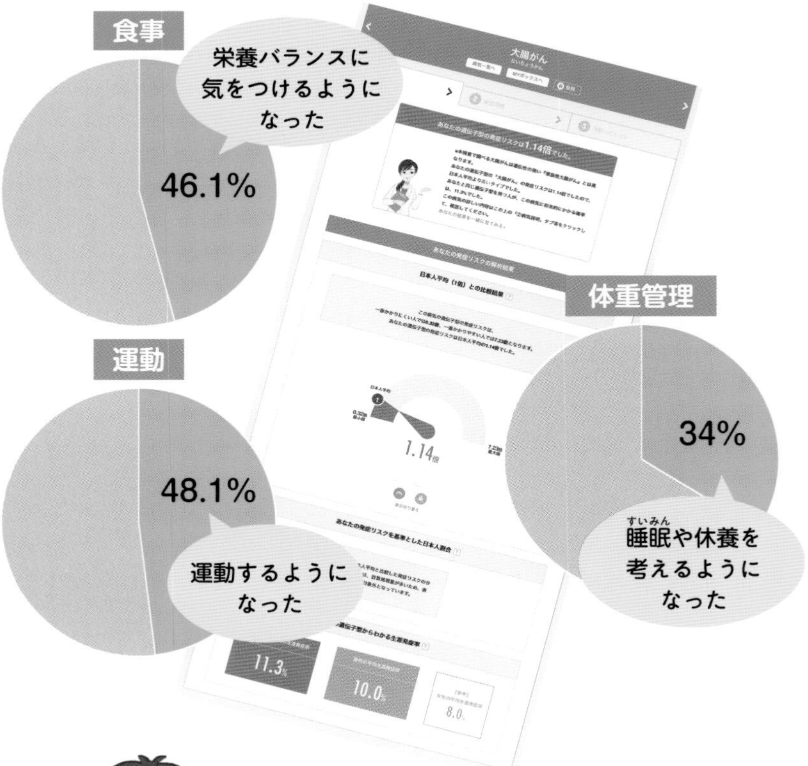

遺伝子検査《いでんしけんさ》MYCODE《マイコード》の
中村《なかむら》 結《ゆい》さん

小学生のみなさんへ

DNA《ディーエヌエー》や遺伝子《いでんし》というとむずかしそうですが、「人間の体はビッグデータでできている」と考えるとどうでしょう。どんなデータが集まっているのか気になりませんか？

こうしたことを調べる生命科学という分野には、人間や生物のおもしろいデータがたくさんあります。ぜひ、好きな動物・植物のデータを調べてみてください。

これからは

日本の遺伝子《いでんし》研究の発展《はってん》に、MYCODE《マイコード》のデータを

日本の遺伝子《いでんし》研究は、ヨーロッパやアメリカにくらべるとおくれています。これは、日本人のDNA《ディーエヌエー》データがまだまだ少ないからです。そこで、MYCODE《マイコード》を利用している人のDNA《ディーエヌエー》データを、いろいろな研究に利用できるようによびかけ、仕組みづくりを始めています。

日本人のDNA《ディーエヌエー》データがたくさん集まれば、日本人に多い体質《たいしつ》や病気についての遺伝子《いでんし》研究が進み、薬の開発や病気の原因《げんいん》を見つけるなど、医療《いりょう》の課題解決《かいけつ》に役立つはずです。

ビッグデータで大成功⑤

災害時対策《さいがいじたいさく》

防災科学技術研究所《ぼうさいかがくぎじゅつけんきゅうしょ》

地震《じしん》による被害《ひがい》を予測《よそく》して、すばやい対策《たいさく》に役立てる

日本は地震《じしん》の多い国です。大きな地震《じしん》が短期的にいつ、どこで起きるかは、だれにもわかりません。
大きな地震《じしん》が起きたときは、すぐに正確《せいかく》な情報《じょうほう》をつかむことが、
被害《ひがい》にあっている人を助ける行動につながります。そのために、人や建物に
どんな被害《ひがい》が出そうかを、地震《じしん》発生後すぐに予測《よそく》するシステムが開発されています。

(アフロ)

(アフロ)

1995年1月17日に発生した阪神《はんしん》・淡《あわ》路大震災《じだいしんさい》によってたおれた高速道路。早朝に発生したこともあり、状況《じょうきょう》の把握《はあく》と対策《たいさく》におくれが出ました。

2011年3月11日に発生した東日本大震災《ひがしにほんだいしんさい》後のまちなみ。多くの県で強いゆれを感じた「巨大地震《きょだいじしん》」で、東北地方の太平洋沿岸部《えんがんぶ》では津波《つなみ》も起こりました。被害範囲《ひがいはんい》が広く、津波《つなみ》の影響《えいきょう》もあったため、全体の被害《ひがい》を把握《はあく》するのに時間がかかりました。

どちらも
大きな被害《ひがい》が出た、
たいへんな地震《じしん》
だったんだね

**地震《じしん》はいつ、
どこで起こるか
わからない**

**でも、起こったら
すぐに対策《たいさく》を
とらなくては！**

**ビッグデータを
使って
地震《じしん》の被害《ひがい》を
予測《よそく》しよう**

日本は、大きな地震《じしん》を
何度も経験《けいけん》しています。
そうしたデータをもとに、
人々をいち早く助けるのに
役立つシステムについて、
紹介《しょうかい》します

防災科学技術研究所《ぼうさいかがくぎじゅつけんきゅうしょ》
中村《なかむら》さん

課題解決《かいけつ》のために

日本全国を対象《たいしょう》とした、「リアルタイム地震被害《じしんひがい》推定《すいてい》システム」を開発

阪神《はんしん》・淡路大震災《あわじだいしんさい》や東日本大震災《ひがしにほんだいしんさい》のような、大きな被害《ひがい》をもたらす地震《じしん》の多い日本では、地震《じしん》発生後、一刻《いっこく》も早く全体の被害状況《ひがいじょうきょう》を把握《はあく》しなければいけない、という課題があります。このため、防災科学技術研究所《ぼうさいかがくぎじゅつけんきゅうしょ》では、これまでの地震《じしん》データと、日本全国の「建物の数とこわれやすさ」「人の動き」などのデータを使い、地震《じしん》の被害《ひがい》をすぐに予測《よそく》する「リアルタイム地震被害推定《じしんひがいすいてい》システム（J-RISQ《ジェイリスク》）」の開発を始めました。

日本全国にある地震観測器《じしんかんそくき》のデータがゆれを観測《かんそく》すると、すぐにJ-RISQ《ジェイリスク》のシステムが計算を始め、「被害予測《ひがいよそく》」を出します。この結果は、地震《じしん》発生後に都道府県や市区町村ですぐに立ち上がる「災害対策本部《さいがいたいさくほんぶ》」で使われるほか、防災科学技術研究所《ぼうさいかがくぎじゅつけんきゅうしょ》のホームページで公開され、一般《いっぱん》の人も見ることができます。

世界最大級の観測網《かんそくもう》がもとになっている

J-RISQ《ジェイリスク》は、防災科学技術研究所《ぼうさいかがくぎじゅつけんきゅうしょ》や国（気象庁《きしょうちょう》）、地方（都道府県など）がもつ地震感測器《じしんかんそくき》、あわせて約5300か所のデータを使っています。これらのデータを連携《れんけい》させた“世界最大級の観測網《かんそくもう》”によって、地震《じしん》のゆれが瞬時《しゅんじ》にデータとして集まるようになっています。

◆J-RISQ《ジェイリスク》の仕組み

防災科学技術研究所《ぼうさいかがくぎじゅつけんきゅうしょ》がもともと集めているデータ

J-RISQ《ジェイリスク》は、防災科学技術研究所《ぼうさいかがくぎじゅつけんきゅうしょ》がもつ「地震観測網《じしんかんそくもう》」のうち、全国のおよそ1800か所の観測点《かんそくてん》からなる「強震観測網《きょうしんかんそくもう》（K-NET《ケーネット》とKiK-net《キックネット》）」のデータを使う。▲▼印は観測点《かんそくてん》がある場所。

・地震《じしん》の強いゆれのデータ
・震度《しんど》のデータ

・震度《しんど》のデータ

気象庁《きしょうちょう》や都道府県・市区町村などのデータ

地震《じしん》のゆれを地図上に広げる

地震観測網《じしんかんそくもう》によって集まったデータにもとづいて、ゆれの大きさごとに色分けし、地図上にしめす。

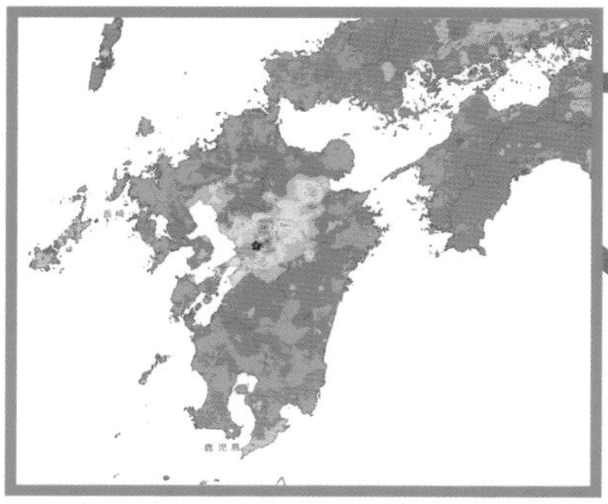

観測点《かんそくてん》と観測点《かんそくてん》のデータをつなぐ

実際《じっさい》の観測点《かんそくてん》はおよそ10キロメートルはなれています。そのため、観測点《かんそくてん》と観測点《かんそくてん》の間のデータは、コンピュータで計算し、推定《すいてい》しています。

地図データをもとに「建物データ」をつくった

地震《じしん》データはあっても、どの地域《ちいき》にどんな建物がどのくらい建っているかというデータはありませんでした。そこで、住宅《じゅうたく》地図データをもとに、建物の位置・素材《そざい》・築年数《ちくねんすう》・階数などのデータを集めた「全国の建物データ」をつくりました。これで、全国約5600万棟分《とうぶん》の建物の被害予《ひがいよ》測《そく》ができるようになりました。

国勢調査《こくせいちょうさ》などから人の動きをデータにした

人の被害《ひがい》を予測《よそく》するには、時間帯や曜日ごとに、どこにどのくらいの人がいるかというデータも必要です。国勢調査《こくせいちょうさ》（▸1巻《かん》18ページ）などのデータを使って、時間帯や曜日ごとの人の動きをしめすデータをつくりました。

被害予測《ひがいよそく》に必要なデータがないときは、自分たちで材料を集めてつくったんだ

建物と人の被害《ひがい》を予測《よそく》する

ゆれの大きさに、その地域《ちいき》の建物や人口のデータをあわせて建物や人の被害予測《ひがいよそく》を色分けしてしめす。

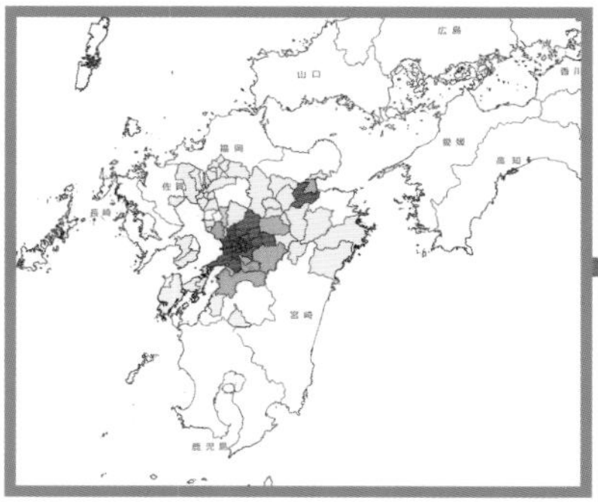

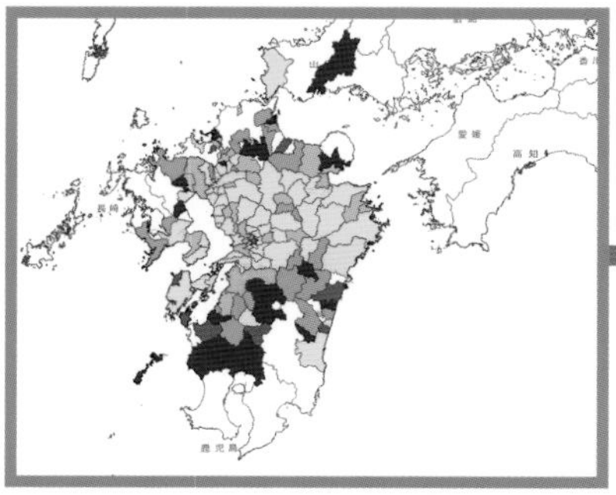

地震《じしん》のゆれにさらされる人を予測《よそく》する

ゆれの大きさに時間帯ごとの人口データをあわせ、地震《じしん》のゆれにさらされる人の数を色分けしてしめす。

地震被害《じしんひがい》の予測《よそく》を発表

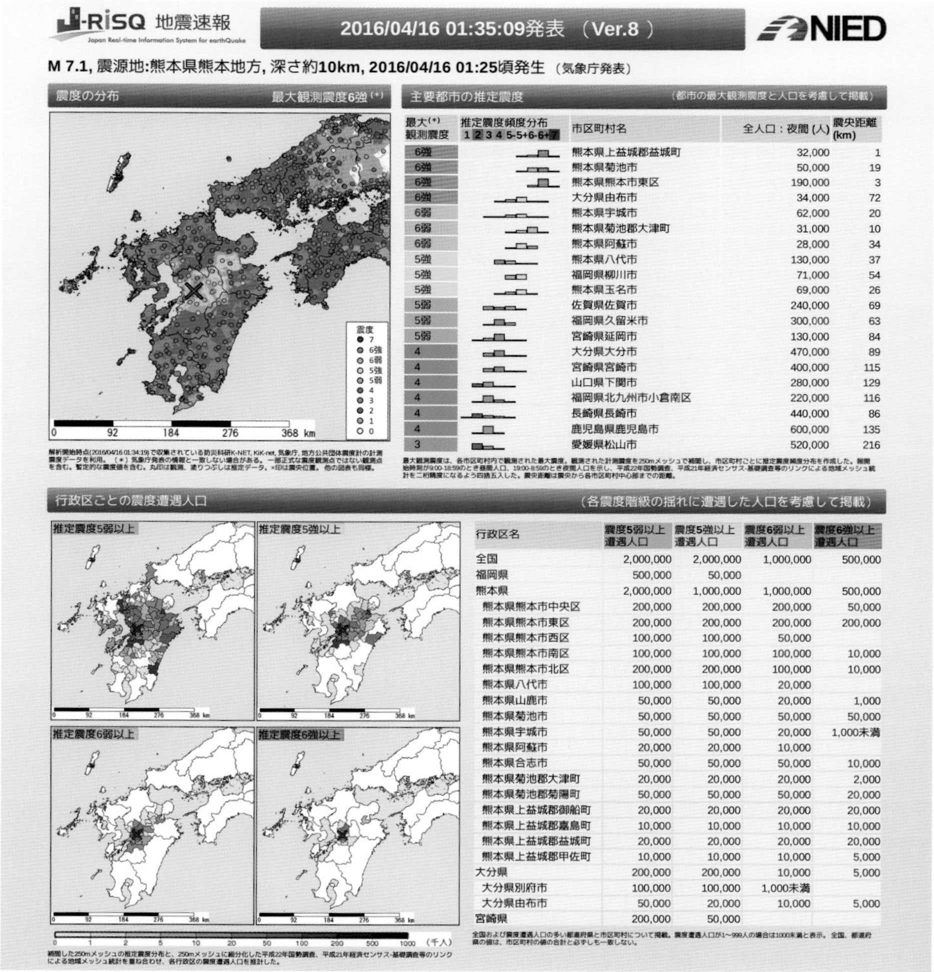

J-RISQ 地震速報
Japan Real-time Information System for earthQuake
2016/04/16 01:35:09発表 （Ver.8 ）
NIED

M 7.1, 震源地:熊本県熊本地方, 深さ約10km, 2016/04/16 01:25頃発生 （気象庁発表）

震度の分布　最大観測震度6強(*)

解析開始時点(2016/04/16 01:34:19)で収集されている防災科研K-NET, KiK-net, 気象庁, 地方公共団体震度計の計測震度データを利用。（＊）気象庁発表の情報と一致しない場合がある。一部正式な震度観測点ではない観測点を含む。暫定的な震度値を含む。丸印は観測、塗りつぶしは推定データ、×印は震央位置。他の図表も同様。

主要都市の推定震度　（都市の最大観測震度と人口を考慮して掲載）

最大(*)観測震度	推定震度頻度分布 1 2 3 4 5- 5+ 6- 6+ 7	市区町村名	全人口：夜間 (人)	震央距離 (km)
6強		熊本県上益城郡益城町	32,000	1
6強		熊本県菊池市	50,000	19
6強		熊本県熊本市東区	190,000	3
6強		大分県由布市	34,000	72
6弱		熊本県宇城市	62,000	20
6弱		熊本県菊池郡大津町	31,000	10
6弱		熊本県阿蘇市	28,000	34
5強		熊本県八代市	130,000	37
5強		福岡県柳川市	71,000	54
5強		熊本県玉名市	69,000	26
5弱		佐賀県佐賀市	240,000	69
5弱		福岡県久留米市	300,000	63
5弱		宮崎県延岡市	130,000	84
4		大分県大分市	470,000	89
4		宮崎県宮崎市	400,000	115
4		山口県下関市	280,000	129
4		福岡県北九州市小倉南区	220,000	116
4		長崎県長崎市	440,000	86
4		鹿児島県鹿児島市	600,000	135
3		愛媛県松山市	520,000	216

最大観測震度は、各市区町村内で観測された最大震度。観測された計測震度を250mメッシュで補間し、市区町村ごとに推定震度頻度分布を作成した。報開始時刻が9:00-18:59のとき昼間人口、19:00-8:59のとき夜間人口を示し、平成22年国勢調査、平成21年経済センサス-基礎調査等のリンクによる地域メッシュ統計を二桁精度になるよう四捨五入した。震央距離は震央から各市区町村中心部までの距離。

行政区ごとの震度遭遇人口　（各震度階級の揺れに遭遇した人口を考慮して掲載）

補間した250mメッシュの推定震度分布と、250mメッシュに細分化した平成22年国勢調査、平成21年経済センサス-基礎調査等のリンクによる地域メッシュ統計を重ね合わせ、各行政区の震度遭遇人口を推計した。

行政区名	震度5弱以上遭遇人口	震度5強以上遭遇人口	震度6弱以上遭遇人口	震度6強以上遭遇人口
全国	2,000,000	2,000,000	1,000,000	500,000
福岡県	500,000	50,000		
熊本県	2,000,000	1,000,000	1,000,000	500,000
熊本県熊本市中央区	200,000	200,000	200,000	50,000
熊本県熊本市東区	200,000	200,000	200,000	200,000
熊本県熊本市西区	100,000	100,000	50,000	
熊本県熊本市南区	100,000	100,000	100,000	10,000
熊本県熊本市北区	200,000	200,000	100,000	10,000
熊本県八代市	100,000	100,000	20,000	
熊本県山鹿市	50,000	50,000	20,000	1,000
熊本県菊池市	50,000	50,000	50,000	50,000
熊本県宇城市	50,000	50,000	20,000	1,000未満
熊本県阿蘇市	20,000	20,000	10,000	
熊本県合志市	50,000	50,000	50,000	10,000
熊本県菊池郡大津町	20,000	20,000	20,000	2,000
熊本県菊池郡菊陽町	50,000	50,000	50,000	20,000
熊本県上益城郡御船町	20,000	20,000	20,000	20,000
熊本県上益城郡嘉島町	10,000	10,000	10,000	10,000
熊本県上益城郡益城町	20,000	20,000	20,000	20,000
熊本県上益城郡甲佐町	10,000	10,000	10,000	5,000
大分県	200,000	200,000	10,000	5,000
大分県別府市	100,000	100,000	1,000未満	
大分県由布市	50,000	20,000	10,000	5,000
宮崎県	200,000	50,000		

全国および震度遭遇人口の多い都道府県と市区町村について掲載。震度遭遇人口が1～999人の場合は1000未満と表示。全国、都道府県の値は、市区町村の値の合計と必ずしも一致しない。

J《ジェイ》-RISQ《リスク》では、地震《じしん》発生から10～20分以内に、これらのデータをすべて重ねあわせて計算し、被害予測《ひがいよそく》を発表します。推定《すいてい》されるゆれの強さ、建物被害《ひがい》の分布《ぶんぷ》（広がり）、地震《じしん》のゆれにさらされた人の数などが、地図上に色分けされて公開されるため、すぐに状況《じょうきょう》を把握《はあく》することができます。

システムの試験運用中

熊本地震《くまもとじしん》が発生。はじめて公表された

開発以来、J《ジェイ》-RISQ《リスク》が実際《じっさい》に使われたのは、2016年4月に起きた熊本地震《くまもとじしん》でした。

防災科学技術研究所《ぼうさいかがくぎじゅつけんきゅうしょ》は、一刻《いっこく》も早い災害支援《さいがいしえん》が必要になると考え、ゆれの広がりを予測《よそく》した「震度分布《しんどぶんぷ》」と、こわれた建物の数を予測《よそく》した「推定全壊棟数《すいていぜんかいとうすう》」を公表しました。災害対策本《さいがいたいさくほん》部《ぶ》で使われたのはもちろん、被害《ひがい》を伝える新聞の報道《ほうどう》にも活用されました。

熊本地震《くまもとじしん》での「震度分布《しんどぶんぷ》(ゆれの広がり)」

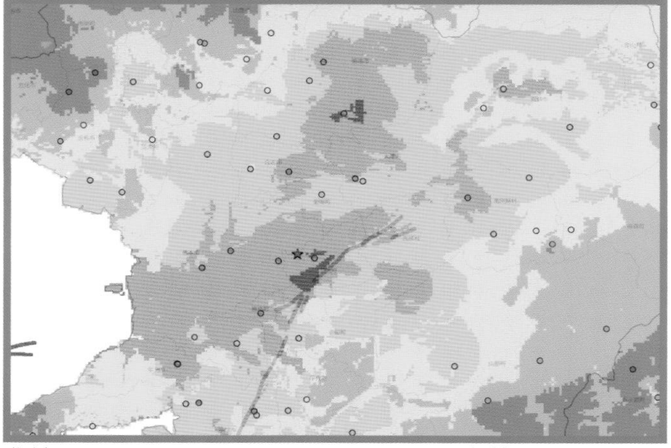

地震《じしん》の発生から約11分後に発表された予測《よそく》データ。ゆれが強いと考えられる地域《ちいき》、建物が大きくこわれる危険《きけん》がある地域《ちいき》が赤くしめされ、わかるようになっています。

推定全壊棟数《すいていぜんかいとうすう》(こわれた可能性《かのうせい》がある建物の数)

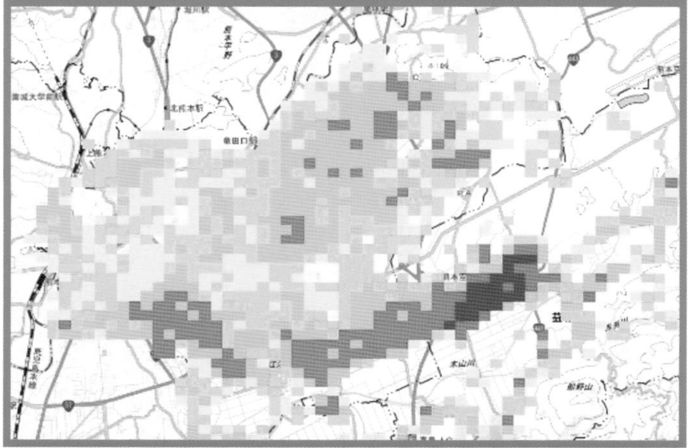

実際《じっさい》の被害《ひがい》

下の画像《がぞう》は、地震《じしん》のあと、空から撮影《さつえい》した実際《じっさい》の建物被害《ひがい》をデータにしたもの。上の推定全壊棟数《すいていぜんかいとうすう》とくらべ、J《ジェイ》-RISQ《リスク》がきちんと予測《よそく》できているかを調べたところ、赤や黄色の危険《きけん》な地域《ちいき》を広く予測《よそく》していることがわかった。

実際《じっさい》に役立ててもらえたことはとてもうれしかったです。でも、課題があることもわかりました

新たに見つかった課題

●推定《すいてい》が大きくなりすぎる

熊本地震《くまもとじしん》で推定《すいてい》された建物被《ひ》害《がい》を実際《じっさい》の被害《ひがい》とくらべると、実際《じっさい》よりも多くの建物がこわれると推定《すいてい》していました。

●津波《つなみ》や地すべりなどの被害《ひがい》は予測《よそく》できない

J《ジェイ》-RISQ《リスク》が予測《よそく》できるのは、地震《じしん》のゆれによる建物や人の被害《ひがい》だけです。地震《じしん》後は津波《つなみ》や地すべりが起こることもありますが、そうした被害《ひがい》を予《よ》測《そく》することはできません。

地震《じしん》によって津波《つなみ》や地すべりが起こることもあるから、予測《よそく》はむずかしいんだね

これからは

より正確《せいかく》な予測《よそく》をめざし、役立ててもらえるように

J《ジェイ》-RISQ《リスク》は、まだ実用段階《だんかい》にはありません。現在《げんざい》も、データから推測《すいそく》する被害《ひがい》と実際《じっさい》の被害《ひがい》に差が出ないようにするなど、研究を続けています。例えば、地震《じしん》発生後すぐに人工衛星《じんこうえいせい》やドローンから航空《こうくう》写真をとって送り、推測《すいそく》したデータとてらしあわせたり、AI《エーアイ》（▶9ページ）を使ってデータ分析《ぶんせき》をより早く正しくできるようにすることが考えられています。

また、会社や市区町村、研究機関にもデータを提供《ていきょう》し、それぞれの目的にあわせて、災害時対策《さいがいじたいさく》に役立ててもらえるような取り組みを進めています。

地方自治体

近くの県や市の被害状況《ひがいじょうきょう》を確認《かくにん》したり、自分たちのまちの状態《じょうたい》をよりくわしく把握《はあく》したりするのに役立つ。

建設《けんせつ》会社

建設《けんせつ》工事中の建物にどんな被害《ひがい》が出そうかを確認《かくにん》し、必要な対策《たいさく》を決めるのに役立つ。

交通機関

電車の運休範囲《はんい》、復旧《ふっきゅう》までの期間を決めたり、駅や車内にいて帰れなくなった人への対応《たいおう》をとるのに役立つ。

J《ジェイ》-RISQ《リスク》の開発者
中村《なかむら》 洋光《ひろみつ》さん

小学生のみなさんへ

J《ジェイ》-RISQ《リスク》のデータは、「J《ジェイ》-RISQ《リスク》 地震速《じしんそく》報《ほう》」というホームページで公開しています。

毎月どこで何回地震《じしん》が起こっているか、ゆれの広がりや地震《じしん》のゆれにさらされた人の数、同じ地域《ちいき》の過去《かこ》の被害状況《ひがいじょうきょう》など、地震《じしん》についてくわしく知ることができます。1996年以降《いこう》の日本全国の地震《じしん》が調べられるので、ぜひ見てみてください。自治体が出しているハザードマップとくらべるのも、おもしろいと思いますよ。

「J《ジェイ》-RISQ《リスク》
地震速報《じしんそくほう》」

防災科学技術研究所《ぼうさいかがくぎじゅつけんきゅうしょ》へ行ってみよう

茨城《いばらき》県つくば市にある防災科学技術《ぼうさいかがくぎじゅつ》研究所《けんきゅうしょ》（左の写真）では、世界最大級の耐震《たいしん》実験施設《しせつ》や降雨《こうう》実験施設《しせつ》を見学することができます。見学をとおして、防災科学技術《ぼうさいかがくぎじゅつ》にふれてみましょう。

ビッグデータで未来はこうなる!?

情《じょう》報《ほう》社会をこえて超《ちょう》スマート社会に

ビッグデータとAI《エーアイ》（人工知能《じんこうちのう》）の力を使うと、世界のいろいろな課題を解決《かいけつ》できます。みんながくらしやすいよりよい社会が近づいてきています。

「仮想《かそう》空間」でデータを使い よいものだけを現実《げんじつ》へ

わたしたちは今、「情報《じょうほう》社会（Society《ソサエティ》4.0)」に生きています。インターネットで集まったビッグデータを人が活用してよりよい状態《じょうたい》をめざす社会です。

今後、IoT《アイオーティー》（▶1巻《かん》22ページ）があたりまえになり、AI《エーアイ》がもっとかしこくなると、AI《エーアイ》自身がビッグデータを使って課題を解決《かいけつ》し、新しい価値《かち》やサービスの提案《ていあん》を行えるようになるかもしれません。

インターネット上に「仮想《かそう》空間（現実《げんじつ》ににせた仮《かり》の空間)」をつくり、そこでAI《エーアイ》がビッグデータを使って課題に取り組むため、課題の解決《かいけつ》に失敗しても現実《げんじつ》世界に影響《えいきょう》はありません。仮想《かそう》空間で成功したものだけを、現実《げんじつ》世界で利用することができます。

2040年ごろには、新しい価値《かち》やサービスが次々と生み出される、「超《ちょう》スマート社会（Society《ソサエティ》5.0)」が実《じつ》現《げん》するといわれています。

Key word

Society《ソサエティ》5.0

2016年に国が発表した未来社会をあらわす言葉。ビッグデータやAI《エーアイ》をより高度に活用することで、経済《けいざい》や社会の課題を解決《かいけつ》し、すべての人がもっとくらしやすい社会になります。

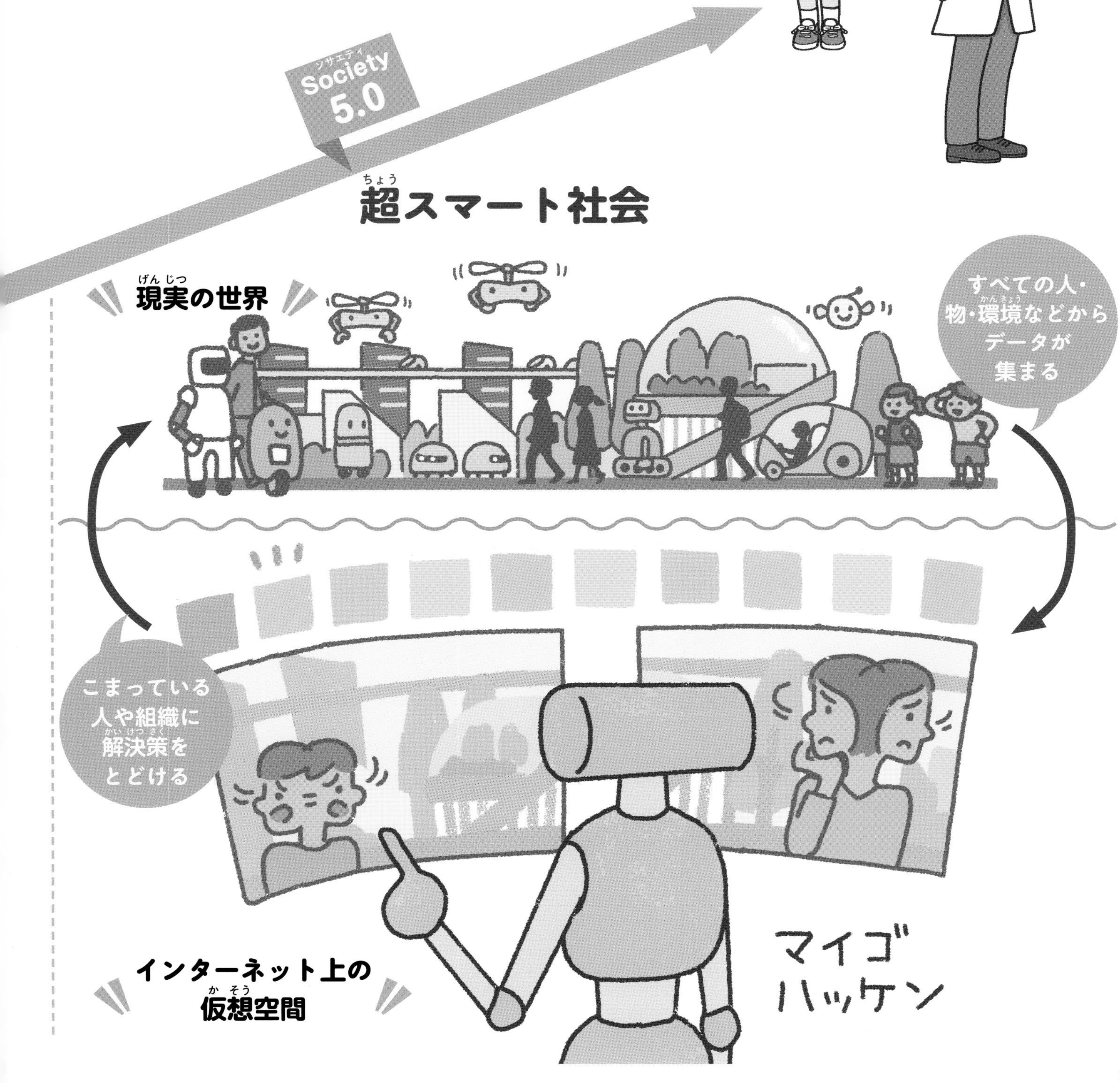

未来のまちを見てみよう

こまっていること、不便なこと、よりよくしたいことを、AI《エーアイ》がビッグデータを使って考え、課題を解決《かいけつ》します。2040年ごろの「超《ちょう》スマート社会」では、まちはこんなふうになっているかもしれません。

人工衛星《じんこうえいせい》
人工衛星《じんこうえいせい》から災害《さいがい》を予測《よそく》する、危険《きけん》な場所を見つける
すべての車は自動運転になる
高度な農業が自動でできる
データ学園大学
データ学園小学校
会話は自動で整理され、まとめられる
P P D A C
problem plan data analysis conclusion
課題解決のプロセス
デジタル技術《ぎじゅつ》を使って学習がサポートされる
船の運航《うんこう》が自動になる
オススメコース
今の健康状態《じょうたい》を分析《ぶんせき》し、教えてくれる

ビッグデータで未来はこうなる!?

こんなロボットが活躍《かつやく》しているかも

「超《ちょう》スマート社会」では、さまざまなところで専門的《せんもんてき》な知識《ちしき》をもったロボットが活躍《かつやく》するともいわれています。こんなロボットがわたしたちを支《ささ》えてくれるのかもしれません。

匠《たくみ》の技《わざ》をもつ

農業ロボット

- 匠《たくみ》の技術《ぎじゅつ》をデータにしてもっている
- 匠《たくみ》の技術《ぎじゅつ》を人間にしめすことができる

言葉や文字にするのがむずかしかった「匠《たくみ》の技術《ぎじゅつ》」をデータ化し、習得《しゅうとく》したロボット。匠《たくみ》の技術《ぎじゅつ》を伝え、農業の発展《はってん》のために働きます。

先生の役割《やくわり》をもつ

学習ロボット

- 子どもの得意《とくい》・不得意《ふとくい》をデータにしてもっている
- 効率《こうりつ》よく楽しい学びを助けてくれる

子ども一人ひとりの得意《とくい》・不得意《ふとくい》、性格《せいかく》などを把握《はあく》して、その子にあった学びを提供《ていきょう》してくれます。学習が効率《こうりつ》よく、楽しく、より深いものになるよう助けてくれます。

体の不自由な人を支《ささ》える

介護《かいご》ロボット

- **介護《かいご》の技術《ぎじゅつ》をデータにしてもっている**
- **一人ぐらしや介護施設《かいごしせつ》でくらす人の力になる**

高齢者《こうれいしゃ》や障害《しょうがい》がある人の体の動きを助ける機《き》能《のう》、危険《きけん》を察知《さっち》する機能《きのう》、会話する機能《きのう》などをもっています。はなれてくらす家族、介護《かいご》をする人・される人など、みんなのくらしのために働きます。

自分にあうものを見つけてくれる

買い物ロボット

- **お客さんの好み、体型《たいけい》、商品の在庫《ざいこ》データなどをもっている**
- **データを使って、希望にあいそうな商品を提案《ていあん》してくれる**

登録されたお客さんのデータから、にあいそうなものやほしそうなものを予測《よそく》し、その人にぴったりな服や商品を見つけてくれます。効率《こうりつ》よく楽しい買い物を助けてくれます。

全《ぜん》巻《かん》共通さくいん

【さくいんの見方】
❶ 5…1巻《かん》の5ページ

あ

IoT《アイオーティー》 …… ❶ 8・22・32・35／❷24・40
ICT《アイシーティー》 …… ❶23
アスクル株式会社《かぶしきがいしゃ》 …… ❶12／❷10
アドルフ・ケトレー …… ❶17
アンケート調査《ちょうさ》 …… ❶37／❷9・19／❸40
e《イー》-Stat《スタット》 政府《せいふ》統計《とうけい》の総合窓口《そうごうまどぐち》 …… ❸41
遺伝子《いでんし》 …… ❷28・30
遺伝子検査《いでんしけんさ》 …… ❷31・32
遺伝情報《いでんじょうほう》 …… ❷28・30・32
医療《いりょう》・健康 …… ❷ 9・28
インターネット …… ❶7・8・21・35・36・40・42・45／❷40／❸7・41
インターネット安全・安心相談 …… ❶45
運輸業《うんゆぎょう》 …… ❷ 8
AI《エーアイ》（人工知能《じんこうちのう》） …… ❶23／❷ 8・11・13・39・40・42
SNS《エスエヌエス》 …… ❶22・40・44
閲覧履歴《えつらんりれき》 …… ❶ 7
遠隔操作《えんかくそうさ》 …… ❶35／❷25
円グラフ …… ❸10
帯グラフ …… ❸11
折れ線グラフ …… ❸10
温室効果《おんしつこうか》ガス …… ❸28

か

カーナビゲーションシステム …… ❶8
介護《かいご》ロボット …… ❷45
買い物ロボット …… ❷45
学習 …… ❶36
学習ロボット …… ❷44
家計調査《かけいちょうさ》 …… ❶31／❸45
仮想《かそう》空間 …… ❷40
学校保健統計《がっこうほけんとうけい》 …… ❶31
株式会社《かぶしきがいしゃ》 DeNA《ディーエヌエー》 ライフサイエンス …… ❷28
神恵内村《かもえないむら》 …… ❷26
観光業 …… ❷9・16／❸ 5
観察 …… ❸6・40
キッズすたっと～探《さが》そう統計《とうけい》データ～ …… ❸41・44
キャッシュカード …… ❶41
熊本地震《くまもとじしん》 …… ❷38
クラウド …… ❶21・22・40／❷25
グラフ …… ❸7・8・10
クレジットカード …… ❶ 9・22・41・42
検索履歴《けんさくりれき》 …… ❶ 7・41
工業社会（Society《ソサエティ》3.0） …… ❷40
交通 IC《アイシー》カード …… ❶ 9・26・28・40
国勢調査《こくせいちょうさ》 …… ❶18・20・30／❷37／❸34
個人情報《こじんじょうほう》 …… ❶40・42・44
個人情報保護委員会《こじんじょうほうほごいいんかい》 …… ❶42・45
個人情報保護法《こじんじょうほうほごほう》 …… ❶42
個人情報保護法《こじんじょうほうほごほう》相談ダイヤル …… ❶45
古代エジプト …… ❶14／❸ 4
コンビニ …… ❶34／❷ 8
コンピュータ …… ❶18・20・22

さ

災害時対策《さいがいじたいさく》 …… ❷9・34・39
最頻値《さいひんち》 …… ❸13
JR《ジェイアール》東日本《ひがしにほん》クロスステーション …… ❶28
J《ジェイ》-RISQ《リスク》 地震速報《じしんそくほう》 …… ❷39
滋賀《しが》県 …… ❶33
地震観測網《じしんかんそくもう》 …… ❷36
地すべり …… ❷38
実験 …… ❸6・40
自動運転 …… ❷43
就業構造基本統計《しゅうぎょうこうぞうきほんとうけい》 …… ❶30
狩猟《しゅりょう》社会（Society《ソサエティ》1.0） …… ❷40
少子化 …… ❸32
消費者《しょうひしゃ》ホットライン …… ❶45
情報《じょうほう》 …… ❶ 5・7
情報《じょうほう》社会（Society《ソサエティ》4.0） …… ❷40
食品ロス …… ❸45
新型《しんがた》コロナウイルス感染症《かんせんしょう》 …… ❶19・39／❷14・21
人工衛星《じんこうえいせい》 …… ❷39・43
人口推計《じんこうすいけい》 …… ❶30
震度分布《しんどぶんぷ》 …… ❷38
新聞 …… ❸41
水産業 …… ❷9・22／❸ 5
水産庁《すいさんちょう》 …… ❸22

スーパー ……………………………… ❶34／❷ 8
スーパーコンピュータ ………………… ❷ 8・30
スポーツ ……………………………………… ❶36
スマート家電 ………………………………… ❶35
スマートシティ ……………………………… ❶32
世界の人口 …………………………………… ❶38
センサー ……………………… ❶8・10・22・28・32・35

た

代表値《だいひょうち》 ……………………………………… ❸13
地域気象観測《ちいききしょうかんそく》システム(アメダス) ……………… ❶ 9
地球温暖化《ちきゅうおんだんか》 ……………………………………… ❸26
中央値《ちゅうおうち》 ……………………………………… ❸13
超《ちょう》スマート社会(Society《ソサエティ》5.0) ……………… ❷40・42・44
津波《つなみ》 ……………………………………………… ❷38
DNA《ディーエヌエー》 …………………………………………… ❷30・32
データ ……………………… ❶ 4・6・8・10／❷4・6
データアナリスト ………………………………… ❶11
データエンジニア ………………………………… ❶11
データサイエンティスト …… ❶10・12／❷12・14／❸ 7
出口調査《でぐちちょうさ》 ……………………………………… ❶37
電気製品《でんきせいひん》 ………………………… ❶8・35／❸30
電子マネー ………………………………… ❶9・28・41
統計学《とうけいがく》 ………………………… ❶17・18／❸ 7
統計《とうけい》Dashboard《ダッシュボード》 ……………………………… ❸41
統計法《とうけいほう》 ……………………………………… ❶31
ドットプロット …………………………………… ❸11
富山市《とやまし》 ……………………………………… ❶32
豊岡《とよおか》観光イノベーション ………………………… ❷18
豊岡市《とよおかし》 ……………………………………… ❷16
豊臣秀吉《とよとみひでよし》 ……………………………… ❶16／❸ 4
ドローン …………………………………………… ❷39

な

ナポレオン・ボナパルト ………………… ❶16／❸ 4
二酸化炭素《にさんかたんそ》 …………………………………… ❸26
農業 ………………………… ❶35／❷9・43／❸37
農業ロボット ……………………………………… ❷44
農耕《のうこう》社会(Society《ソサエティ》2.0) ……………………… ❷40

は

パーソナルデータ ……………………………… ❶41・44
ハル・ヴァリアン ………………………………… ❶10
阪神《はんしん》・淡路大震災《あわじだいしんさい》 ……………………………… ❷35・36
販売《はんばい》・運輸業《うんゆぎょう》 ………………………… ❷10／❸ 5
販売業《はんばいぎょう》 ……………………………………… ❷ 8
PPDAC《ピーピーディーエーシー》サイクル ………………………………… ❸ 7
東日本大震災《ひがしにほんだいしんさい》 ……………………… ❶19／❷12・35・36
Visit《ビジット》 Kinosaki《キノサキ》 ………………………………… ❷18
ヒストグラム ………………………………… ❸11・17
ビッグデータ …………………… ❶22／❷ 4・6・8
ヒトゲノム計画 ……………………………………… ❷30
表 ………………………………………………… ❸7・8
ピラミッド …………………………………………… ❶15
Fishtech《フィッシュテック》® 養殖管理《ようしょくかんり》 ……………………… ❷24・26
福岡市《ふくおかし》 ……………………………………… ❶33
福祉《ふくし》 ………………………………………………… ❷ 9
富士通《ふじつう》Japan《ジャパン》株式会社《かぶしきがいしゃ》 ……………………………… ❷22
プライバシー ……………………………………… ❶40
プライバシーマーク ……………………………… ❶43
フローレンス・ナイチンゲール ……………… ❶17／❸ 4
平均値《へいきんち》 ……………………………………… ❸13
ポイントカード ……………………………… ❶ 9・26・34
棒《ぼう》グラフ …………………………………… ❸10・17
防災《ぼうさい》 ………………………………………………… ❷ 9
防災科学技術研究所《ぼうさいかがくぎじゅつけんきゅうしょ》 ………………… ❶13／❷34・39
POS《ポス》データ ………………………………… ❶28・34

ま

MYCODE《マイコード》 ………………………………………… ❷31・32
マイナンバーカード …………………………… ❶37
6つのステップ ………………………… ❶10／❸ 6

や

養殖業《ようしょくぎょう》 ………………………………………… ❷24
世論調査《よろんちょうさ》 ………………………………………… ❶37

ら

リアルタイム地震被害推定《じしんひがいすいてい》システム(J《ジェイ》-RISQ《リスク》)・❷36・38
ローソン ………………………………………… ❶26
ロボット ………………… ❶23／❷8・11・13・42・44
路面下空洞探査車《ろめんかくうどうたんさしゃ》 ………………………………… ❶33

データで変わる！産業とくらし
2 ビッグデータで世界はこんなに変わる

監修　稲田修一（いなだ・しゅういち）

九州大学大学院工学研究科修士課程修了（情報工学専攻）、米国コロラド大学大学院修士課程修了（経済学専攻）。1979年に郵政省（現総務省）入省。情報流通など、ICT分野の政策立案や技術開発を担当。2012年に退官後、東京大学先端科学技術研究センター特任教授を経て、早稲田大学研究戦略センター教授。

指導協力　小林宏己（こばやし・ひろみ）
早稲田大学教育・総合科学学術院教授

ブックデザイン	周 玉慧
企画・編集	増田秀彰・渡部のり子（小峰書店）
編集協力	羽山奈津子（オフィス201）・田原朋子
表紙イラスト	いたばしともこ
イラスト	福場さおり・いたばしともこ
DTP	株式会社 明昌堂
校正	遠藤三葉

2021年 11月 30日　第 1 刷発行

監　修　者　稲田修一
発　行　者　小峰広一郎
発　行　所　株式会社 小峰書店
〒 162-0066 東京都新宿区市谷台町 4-15
電話　03-3357-3521
FAX　03-3357-1027
https://www.komineshoten.co.jp/

印刷・製本　図書印刷株式会社

NDC600　47P　29 × 23cm
ISBN 978-4-338-34502-6

●参考文献

稲田修一『知識ゼロからのビッグデータ入門』（幻冬舎）
稲田修一『ビッグデータがビジネスを変える』（アスキー・メディアワークス）
渡辺美智子 監修『親子で学ぶ！ 統計学はじめて図鑑』（日本図書センター）
涌井良幸『子供の科学★ミライサイエンス 統計ってなんの役に立つの？』（誠文堂新光社）
日立東大ラボ『Society（ソサエティ）5.0 人間中心の超スマート社会』（日本経済新聞出版）
文部科学省『令和2年版 科学技術白書』
毎日新聞出版『月刊「Newsがわかる」2020年10月号』

〔WEBサイト〕
内閣府（https://www8.cao.go.jp/cstp/society5_0）
三菱総合研究所 50周年記念サイト（https://www.mri.co.jp/50th/columns/robotics/no03/）

●取材協力

アスクル株式会社
兵庫県豊岡市役所大交流課
富士通Japan株式会社
株式会社 DeNA ライフサイエンス
防災科学技術研究所